utb 5906

Eine Arbeitsgemeinschaft der Verlage

Brill | Schöningh – Fink · Paderborn
Brill | Vandenhoeck & Ruprecht · Göttingen – Böhlau · Wien · Köln
Verlag Barbara Budrich · Opladen · Toronto
facultas · Wien
Haupt Verlag · Bern
Verlag Julius Klinkhardt · Bad Heilbrunn
Mohr Siebeck · Tübingen
Narr Francke Attempto Verlag – expert verlag · Tübingen
Psychiatrie Verlag · Köln
Ernst Reinhardt Verlag · München
transcript Verlag · Bielefeld
Verlag Eugen Ulmer · Stuttgart
UVK Verlag · München
Waxmann · Münster · New York
wbv Publikation · Bielefeld
Wochenschau Verlag · Frankfurt am Main

Stark fürs Studium

herausgegeben von
Helga Esselborn-Krumbiegel

Weitere Titel:

utb 4313 Nina Meister:
Die mündliche Prüfung meistern
utb 4318 Helga Esselborn-Krumbiegel:
Tipps und Tricks bei Schreibblockaden, 2. Auflage
utb 4404 Michaela Brohm:
Motiviert studieren!
utb 4857 Irene Warnecke:
Prüfungsangst bewältigen.
Ein Trainingsprogramm in sieben Schritten
utb 5011 Matthias Schwarzkopf:
Finde deinen Job! Berufseinstieg für
Akademikerinnen und Akademiker
utb 5132 Edina Causevic/Carola Endemann:
Stress bewältigen – entspannt studieren
utb 5129 Helga Esselborn-Krumbiegel:
Die erste Hausarbeit – FAQ, 2. Auflage

THOMAS ABEL

Anfangen statt aufschieben!

Wie du Blockaden überwindest und deine Ziele erreichst

BRILL | SCHÖNINGH

Der Autor:
Thomas Abel (geb. Böhm), geb. 1985 in Saarlouis, Studium der Psychologie (Master of Science) an der Université du Luxembourg und der FU Berlin. Weiterbildung zum Systemischen Berater am ABiS in Leipzig. Von 2015 - 2017 Tätigkeit als Psychologischer Berater an der Europa Universität Viadrina in Frankfurt/Oder. Seit 2017 psychosoziale Einzelberatung und Gruppentrainings zu Prüfungsangst, Kommunikation und Prokrastination im Studentenwerk Frankfurt am Main.

Umschlagillustration: Roberto Chessa

Online-Angebote oder elektronische Ausgaben sind erhältlich unter
www.utb.de

Bibliografische Information der Deutschen Nationalbibliothek

Die Deutsche Nationalbibliothek verzeichnet diese Publikation in der Deutschen Nationalbibliografie; detaillierte bibliografische Daten sind im Internet über http://dnb.d-nb.de abrufbar.

Internet: www.schoeningh.de

Herstellung: Brill Deutschland GmbH
Umschlaggestaltung: siegel Konzeption | gestaltung

UTB-Band-Nr: 5906
ISBN 978-3-8252-5906-8
eISBN 978-3-8385-5906-3

Inhaltsverzeichnis

Moop Mama: „Prokrastination":

Ich hab' aufgeräumt und Staub gewischt
Ordnung herrscht unter dem Bett und auf dem Tisch
Meine Timeline kenn' ich auswendig
Die Mails im Eingang beantwortet
Das wär' bemerkenswert
Wär' da nicht
Wär' da nicht
Der Gedanke an
Da war noch was
Jaja das passt
Ich fang' gleich an
Ich mach' das dann schon
Ich google nur noch kurz
Die Bedeutung des Wortes Prokrastination
Prokrastinatio-o-on
Prokrastination
Prokrastinatio-o-on

Bevor du mit dem Lesen anfängst, kannst du ja schon mal anfangen zu prokrastinieren und dir das Lied von Moop Mama anhören ;-)

Vorwort

In diesem Ratgeber möchte ich dich direkt ansprechen und habe daher das Du gewählt. Anders, als bei meinen Ratsuchenden, die ich als Psychologe lieber mit „Sie" anspreche, möchte ich dich, liebe/r Leser*in, persönlich ansprechen. Denn so, wie du gerade prokrastinierst, da du diese Zeilen liest, habe ich beim Schreiben dieses Buches auch manches Mal prokrastiniert. In dieser Zeit entdeckte ich eine ganze Reihe Ideen, Anregungen und Tipps zu Prokrastination, die ich mit dir teilen möchte. An einigen Stellen werde ich dir auch schildern, was mir geholfen hat. Immerhin habe ich es geschafft, das Manuskript fristgerecht abzugeben. Sicherlich kenne ich hartnäckigere Fälle als meinen eigenen. Ich berate Studierende, die aufschieben. Auch von ihnen möchte ich dir erzählen. Ich teile die Tipps, die ich ihnen gebe, und berichte dir von ihren Erfolgen.

Ich gebe zu, dass viele Gedanken – und die meisten Tipps und Tricks in diesem Ratgeber – größtenteils gar nicht von mir selbst stammen. Auf den nun folgenden Seiten habe ich Strategien und Denkanstöße ausgewählt und neu aufbereitet, die dir bei deiner Prokrastination helfen sollen. Dieses Buch versteht sich als eine Art Best-of-Album mit den erfolgreichsten Hits gegen das Aufschieben, mit vielen Remixen von bekannten Klassikern des Zeitmanagements oder aus anderen Ratgebern zu Prokrastination oder verwandten Themen. An einigen Stellen findest du zusätzlich Fallbeispiele aus meiner Beratungspraxis.

Ich möchte dich auch mit auf die Entstehungsreise dieses Buches nehmen. Bevor es losgeht ein Zitat, das mir auf dieser Reise begegnet ist:

„Prokrastination ist wie stehenbleiben auf der Straße. Währenddessen zieht das Leben an mir vorbei."
(Quelle unbekannt)

Zu guter Letzt: Ich freue mich über dein Feedback. Schreibe mir gerne, welche der beschriebenen Techniken oder Anregungen dir geholfen haben. Aber auch gerne, wenn du eigene Tipps hast, die dir dabei helfen, weniger aufzuschieben und die du gerne weitergeben möchtest.

1 Einleitung

Vielleicht hast du dieses Buch gekauft, weil du über den Titel gestolpert bist und gehofft hast, dass du allein mit dem Kauf des Buches schon aufhörst zu prokrastinieren. So einfach wird es vermutlich nicht werden. Dieses erste Kapitel liest du jetzt noch. Aber wie lange wirst du durchhalten? Schaffst du es bis zu Kapitel 2, jenes mit den Tipps? Das Gute: Solltest du diesen Ratgeber nicht von Anfang bis Ende lesen, macht das nichts. So habe ich dieses Buch ohnehin nicht konzipiert. Wenn du wirklich dein Aufschieben überwinden möchtest, kannst du mal durchblättern und an den Stellen reinlesen, die dich interessieren. Vielleicht bleibst du ja an Stellen hängen, an denen du dich wiedererkennst. Oder macht dich der eine oder andere Tipp neugierig, ihn auszuprobieren? Mach gerne deine eigenen Erfahrungen.

1.1 An wen richtet sich dieser Ratgeber und was kannst du erwarten?

In erster Linie richtet sich dieser Ratgeber an alle, die wirklich endlich etwas an ihrem Aufschiebeverhalten verändern wollen. Ihnen möchte ich besonders Kapitel 2: *„Anfangen“,* Kapitel 3: *„Dranbleiben“* und Kapitel 4: *„Abschließen“* ans Herz legen.

In diesen Kapiteln stelle ich bewährte Tipps und Tricks aus meiner Beratungspraxis vor. Es sind solche, die Ratsuchende angewandt haben oder die ich selbst ausprobiert und als hilfreich empfunden habe.

Kapitel 5 richtet sich explizit an Betreuende von Studierenden. Auch wenn ich diesem Kapitel eher weniger Seiten eingeräumt habe, so möchte ich Studierende dazu motivieren, ihre Betreuenden in die Pflicht zu nehmen, sie bei ihrem wissenschaftlichen Arbeiten wirklich zu begleiten. Dieses Kapitel ist gleichzeitig ein Appell an die Betreuenden, ihre Studierenden ernst zu nehmen und sich ihrer Verantwortung ihnen gegenüber bewusst zu werden. Denn oft höre ich, dass Studierende von einer guten Betreuung beim Schreibprozess profitieren konnten. Sie berichten dann, dass sie dadurch deutlich weniger aufgeschoben und ihre Hausarbeiten doch noch fristgerecht abgegeben haben. Kurz: eine Win-Win-Situation.

In Kapitel 6 richte ich mich an Angehörige von Aufschieber*innen. Denn die leiden meist mit, wenn die Tochter, der Sohn oder der/die Partner*in aufschiebt und das Studium nicht beendet, weil sie oder er beispielsweise seit mehreren Semestern an der letzten Hausarbeit verzweifelt. Auch Sie, liebe Angehörige, können etwas tun. Jedoch sollten Sie sich bewusst sein, dass niemand gerne aufschiebt und dementsprechend auch Verständnis dafür aufbringen, wenn Veränderung eben Zeit braucht. Sie werden wohl Geduld mitbringen müssen.

Wenn du beim Lesen und Ausprobieren der Tipps und Denkanstöße einfach nicht weiterkommst, solltest du Kapitel 7 lesen. Darin stelle ich dir weiterführende Möglichkeiten vor, solltest du allein und mit Hilfe von Freund*innen oder Angehörigen nicht mehr weiterkommen. Ich versuche dir Wege aufzuzeigen, professionelle Unterstützung zu finden.

1.2 Was ist Prokrastination?

Unter Studierenden ist das Phänomen Prokrastination weit verbreitet. Da du diesen Ratgeber liest, gehe ich davon aus, dass du weißt, was Prokrastination bedeutet. Wohlmöglich bist du sogar selbst ein Experte auf diesem Gebiet. Falls du den Begriff noch nicht kennst: Prokrastination heißt auf deutsch „Aufschieben". Ich verwende in diesem Ratgeber beide Begriffe als Synonyme.

Wenn ich in diesem Ratgeber von Prokrastination spreche, beziehe ich mich primär auf die akademische Prokrastination, die vom alltäglichen Aufschieben abzugrenzen ist. Bei der akademischen Prokrastination wird ein (geplantes) Vorhaben aufgeschoben oder es wird vermieden, eine Aufgabe anzugehen. Sie geht meistens einher mit einer Störung der Selbstregulation und wird dann zu einer Arbeitsstörung. Im Bereich der Arbeitsstörung bekommt Prokrastination eine pathologische und behandlungsbedürftige Dimension. Von einer Arbeitsstörung spricht man, wenn:

- To-dos nicht oder nur unvollständig ausgeführt werden,
- Arbeitsaufträge nicht fristgerecht erledigt werden,
- Vorhaben nicht oder mangelhaft umgesetzt werden,
- Aufgaben nicht strukturiert werden können,
- oder vorhandene Strukturen nicht eingehalten werden können.

Prokrastination sollte nicht mit Faulheit verwechselt werden (Steel, 2012). Ein fauler Mensch hat schlicht keine Lust, etwas zu erledigen und stört sich nicht daran. Menschen, die prokrastinieren, würden gerne etwas erledigen, können sich aber nicht oder nur schwer dazu aufraffen. Der entscheidende Unterschied zur Faulheit ist, dass Prokrastinierer in der Regel unter ihrem Aufschieben leiden.

Bei Prokrastination geht man von einer allgemeinen Verhaltenstendenz aus, nur das zu tun, was angenehm und belohnend ist. Wer macht schon gerne Dinge, auf die er oder sie keine Lust hat?

Prokrastination heißt auch: *„Ich gebe jetzt nach, um mich* ***jetzt*** *gut zu fühlen"* (Pychl, 2013).

Kennst du Gefühle von Versagensangst oder negativer Bewertung? Findest du manche Aufgaben im Studium langweilig? Bist du auch manchmal frustriert, weil die Uni nicht so läuft, wie du es dir vorstellst?

Wir Menschen haben ein psychisches Grundbedürfnis nach Lustgewinn und Unlustvermeidung (Grawe, 2000). Wir gehen unangenehmen Gefühlen demnach eher aus dem Weg, als uns mit ihnen zu konfrontieren. So verbessern wir kurzfristig unsere Stimmung. Nur resultiert daraus meist Prokrastination – und die hat häufig negative Folgen. Eine Folge könnte sein, dass ein Text nicht fertig wird. Langfristig schadet dieses Aufschiebeverhalten, da Ziele nicht (rechtzeitig) erreicht und dadurch negative Gefühle wie Scham oder Schuld verstärkt werden (Sirois & Pychyl, 2013).

Die Ursachen für Prokrastination sind also eher emotionaler Natur. Aufschiebende vermeiden meist nur die Aufgaben, die sie mit unangenehmen Gefühlen verbinden, etwa mit Langeweile, Unbehagen oder Versagensangst. Im Gegensatz dazu stehen alle Aufgaben, die sich angenehm anfühlen. Sie werden mit Leichtigkeit und sofort erledigt. Die Sache bei unangenehmen Gefühlen ist die: Eine eigentlich einfach zu bewältigende Aufgabe wird in unserer Vorstellung – und häufig auch in Wirklichkeit – immer größer, sobald sie einmal aufgeschoben wurde. Das geht so weit, dass diese Aufgabe irgendwann wie eine Wolke über uns hängt, so dass es sich jetzt tatsächlich lohnt, sie aufzuschieben. Während wir mit dem Aufschieben und der Vermeidung dieser unangenehmen Gefühle beschäftigt sind, ziehen unzählige Möglichkeiten an uns vorbei.

Was sollten wir jetzt tun? Wir sollten lieber versuchen, unsere unangenehmen Emotionen anzunehmen. Sie sind meist schneller wieder vorbei, als sie da waren (Bünger, T., Berthoud, E. & Elderin, S., 2018).

Wozu das ganze Aufschieben? Durch das Aufschieben werden nur kurzfristig unangenehme Gefühle reduziert und in ein angenehmes Gefühl umgewandelt. Vielleicht kennst du das Phänomen, dass du dich unmittelbar besser fühlst, sobald du dein Schreiben unterbrichst, um dir etwas zu Essen zu holen. „Procrastineating" nennen Experten das (Graham & Ramsey, 2015). Dabei sucht man beim Snacken während des Arbeitens Trost und Ablenkung vor den (möglicherweise) unangenehmen Gefühlen, die die bevorstehende Aufgabe hervorruft.

Jedenfalls sind solche Phänomene nur kurze Freuden. Langfristig führt Aufschieben zu Stress, etwa in Form von Unzufriedenheit und sogar dem Gefühl, demoralisiert zu sein. Die Nachteile des Aufschiebens wiegen also deutlich schwerer.

Die Misere: Die meisten Prokrastinierer*innen finden spielend leicht Dinge, die sie statt der eigentlichen Aufgabe tun könnten. Jene Ablenkungen heißen fachsprachlich „Ersatzhandlungen". Ich jedenfalls „musste" mir, bevor ich diese Zeilen schreiben „konnte", erst mal einen Kaffee machen, meinen Tisch aufräumen und mein Notizbuch bereitlegen. Natürlich habe ich vorher meine Mails gecheckt und schnell die Nachrichten aus aller Welt überflogen. Die Kunst ist nur, irgendwann anzufangen und nicht ins Aufschieben zu verfallen. Tipps dazu, wie du das schaffst, erfährst du in Kapitel 2. So viel schon jetzt: Bei Ersatzhandlungen spielt es keine Rolle, ob die Aufgabe überhaupt geplant war oder ich gänzlich ungeplant an mein Vorhaben herangegangen bin. Der Aspekt der Planung spielt jedoch bei der Überwindung der Prokrastination eine größere Rolle, als sich an dieser Stelle vermuten lässt. Aber keine Sorge! Auch fürs Planen werde ich dir Ideen und Anregungen im 2. Kapitel geben.

1.3 Wer schiebt auf und wie?

In Studien an amerikanischen Colleges bezeichnen sich bis zu 75 Prozent der Befragten selbst als Aufschieber und ca. 50 Prozent dieser Studierenden geben an, durch ihr Aufschieben erhebliche Probleme im Studium zu haben (vgl. Rückert, 2014). An der Universität Münster durchgeführte Untersuchungen fanden hingegen geringere Fallzahlen. So gaben dort je nach Fachbereich 7 bis 14 Prozent der Befragten an, dass sie durch ihre Prokrastination in erheblichem Ausmaß leiden (vgl. Höcker, Engeberding & Rist, 2021). Diese Zahlen zeigen, dass Prokrastination auch unter deutschen Studierenden weitverbreitet ist und etwa jeder Zehnte darunter in erheblichem Maß leidet. Wenn man diese Zahlen auf die Gesamtzahl aller Studierenden in Deutschland (WiSe 2019/2020: 2,89 Millionen) hochrechnet, so würden in Deutschland etwa 289.000 Studierende unter ihrem Aufschieben leiden. Allein an der Goethe-Universität in Frankfurt (Stand WiSe 2019/2020: 46.119 Studierende) würde das bedeuten, dass 4.612 Studierende durch ihr Aufschieben einen Leidensdruck hätten. Was natürlich noch lange nicht heißt, dass sich so viele Studierende Hilfe suchen oder überhaupt einen Wunsch haben, etwas zu verändern. Aber mich haben die Zahlen ganz schön beeindruckt.

Das bedeutet, dass du dich als Aufschieber*in im universitären Kontext in guter Gesellschaft befindest. Aber warum ist das so? Warum schieben gerade Studierende besonders häufig auf?

Gelegenheiten aufzuschieben gibt es praktisch überall. Nicht nur an der Hochschule. Und wenn wir ehrlich sind, schiebt jeder irgendetwas vor sich her. Wenn von Prokrastination im beruflichen Kontext gesprochen wird, sind verstärkt Personen betroffen, die sich ihre Zeit frei einteilen können. Das sind vor allem Selbstständige, die Rechnungen stellen müssen, um bezahlt zu werden. Oder Wissenschaftler, die ihre nächste Publikation fertigstellen müssen. Im Studium jedenfalls sind die Gelegenheiten, irgendetwas aufzuschieben, allgegenwärtig. Studierende sollen sich auf der einen Seite ihre Zeit frei einteilen, ohne konkrete Deadlines zu bekommen. Auf der anderen Seite werden sie in Prüfungsordnungen gezwängt und stehen somit unter permanentem Druck von Hochschulseite, in einer vorgegebenen Zeit Module abzuschließen, sonst droht die Exmatrikulation. Studierende erfahren aber auch Druck durch die Erwartungen ihrer Eltern, die entweder wollen, dass ihre Kinder schnell ihr Studium abschließen oder wenig Verständnis für das Studieren haben, weil sie selbst nie studiert hatten. Hinzu kommt, dass Studierende sich mit ihren Kommiliton*innen und Freund*innen vergleichen, die schneller studieren und vor ihnen den Abschluss haben.

Neben äußeren Erwartungen spielen eigene Ansprüche und Erwartungen an sich selbst mit hinein. Perfektionismus ist weit verbreitet unter Studierenden. Dadurch wächst der Leidensdruck und der Wunsch, etwas gegen das Aufschieben zu unternehmen. Aber reicht das schon, um wirklich etwas zu ändern oder hast du dich schon ganz gut mit deiner Situation arrangiert?

Wenn du das Level deines Aufschiebens gerne genauer untersuchen möchtest, findest du auf der Seite der Prokrastinationsambulanz der Universität Münster einen Selbsttest (URL auf Seite 130f.), in dem du dich mit anderen vergleichen kannst.

Möchtest du dagegen eher auf spielerische Art und Weise herausfinden, welcher Aufschiebetyp du bist, kannst du auch einen eher unwissenschaftlichen Test machen (URL auf Seite 130f.). Dort wird zwischen folgenden Typen von Aufschiebern unterschieden: Internetjunkie, Multitasker*in, Listenmacher*in, Panikmacher*in, Saubermacher*in. Oder du liest dir einfach die folgenden Beschreibungen durch und erkennst dich in einem der Typen, vielleicht sogar in mehreren, selbst wieder:

Internetjunkie
Du hast ständig dein Smartphone in der Hand und checkst deine Social-Media-Kanäle. Du schreibst Nachrichten am Handy schneller, als du am PC tippen kannst. Weil du ständig online bist, hast du kaum mehr Zeit, um andere Dinge zu erledigen.

Multitasker*in
Du liebst es mit mehreren Bällen zu jonglieren und arbeitest gerne an mehreren Projekten gleichzeitig. Du fängst viele Aufgaben an, schaffst es aber selten, sie zu beenden, weil du jedes einzelne Projekt vor dir herschiebst. Auch wenn du weißt, dass Multitasking eigentlich nicht funktioniert, versuchst du es trotzdem immer wieder, auch wenn du mit dem Ergebnis unzufrieden bist.

Listenmacher*in
Die To-do-Liste ist dein bester Freund. Wobei das nicht heißt, dass du auch eine gute Beziehung zu deinen Listen pflegst. Denn du lässt sie gerne auch mal links liegen und bist besser im Schreiben von Listen als im Abhaken.

Panikmacher*in
Du lässt dich bis zu den Prüfungen oder zu deinem Abgabetermin durch nichts aus der Ruhe bringen. Doch kurz vor

knapp gerätst du plötzlich in Panik und weißt nicht mehr, wo du anfangen sollst. Du stehst dir nur noch selbst im Weg. Mit deiner Panikmache nervst du schon alle in deinem Umfeld, aber du kannst sie nicht abstellen. Bis dann die Abgabe oder die Prüfung geschafft ist und du – wie meistens – mit einer guten Note nach Hause gehst.

Saubermacher*in
Bei dir hat das Aufschieben auch seine guten Seiten: Dein Zimmer ist immer komplett aufgeräumt. Besonders, wenn bei dir Prüfungen oder Abgaben anstehen. Dir kommt jede Gelegenheit, etwas sauber zu machen, als willkommene Ablenkung entgegen, um dich nur nicht an den Schreibtisch zu setzen und mit dem Arbeiten anzufangen.

1.4 Mögliche Gründe für Prokrastination

Warum schiebe ich eigentlich auf? Hast du dir diese Frage schon mal gestellt? Und selbst wenn du meinst, die Antwort zu kennen, lohnt es sich, den Wurzeln für dein Aufschieben nachzugehen.

Denn die Antwort auf die Frage *Warum schiebe ich diese eine Aufgabe gerade jetzt und in diesem Moment vor mir her?* kann dir zukünftig helfen, dein Aufschiebeverhalten zu reduzieren. Prokastination ist Information: Ignoriere sie nicht.

Wirf hierfür einen Blick auf die drei Arten des Aufschiebens:

1. Der **Erregungsaufschieber** sucht den Adrenalinkick. Naht der Abgabetermin, steigt die Spannung und es zieht ihn an den Schreibtisch. Durch diesen Kick kann er dann nächtelang durcharbeiten.
2. Der **Vermeidungsaufschieber** hat Angst zu versagen und vermeidet es deshalb, sich mit unangenehmen Auf-

gaben und Gefühlen zu beschäftigen, weil er mit allen Mitteln sein Scheitern verhindern möchte.

3. Der **Protestaufschieber** will sich nichts sagen lassen und verpasst auch schon mal absichtlich wichtige Termine und Fristen – aus Prinzip.

Welcher der drei Aufschiebearten würdest du dich zuordnen?

Dein eigenes Motiv zu finden, kann dich davor bewahren, Tipps aus diesem Ratgeber auszuprobieren, die gar nicht zu deinem Verhalten passen, sodass du am Ende wohlmöglich enttäuscht bist, dass sie nicht auf Anhieb funktionierten. Möglicherweise steckt ja mehr hinter deiner Prokrastination, als du bisher vermutet hast.

Wenn du nach den Gründen für dein Aufschieben fragst, anstatt es sofort mit allen Mitteln bekämpfen zu wollen, kannst du in einen selbstfürsorglicheren Modus wechseln. Dann geht es nicht mehr nur darum, um jeden Preis etwas zu leisten, sondern vor allem darum, Widerstände ernst zu nehmen und gezielt etwas zu verändern.

Selbst wenn ich an dieser Stelle versuche, mögliche Gründe fürs Aufschieben aufzuzählen, so möchte ich doch deutlich machen, dass es selten *den einen* Grund fürs Prokrastinieren gibt. Dazu folgendes Gedankenexperiment von Steel (2011):

Stell dir ein Auto vor, welches während der Fahrt plötzlich eine Panne hat und stehenbleibt. Der Tank könnte leer, der Motor überhitzt oder ein Reifen geplatzt sein. Vielleicht sind es mehrere Ursachen. So ist es auch bei Prokrastination. Auch wenn man von außen betrachtet immer den gleichen Effekt sieht, nämlich, dass aufgeschoben wird, so können verschiedene Gründe – oder eben ein Zusammenspiel aus mehreren – das Aufschieben bedingen.

Eine Hauptursache für Prokrastination liegt in der Aversion gegenüber der Tätigkeit. Wird eine Aufgabe als unangenehm empfunden, so sinkt unsere Motivation, diese anzufangen oder fertigzustellen. Das führt dann dazu, dass man die Tätigkeit aufschiebt. Generell sind Menschen weniger dazu bereit, eine Handlung zu planen oder durchzuführen, wenn sie als unangenehm oder zu schwierig angesehen wird. Als Folge flüchten wir uns lieber in alternative Tätigkeiten, die uns Spaß machen und lassen die eigentliche Aufgabe stattdessen liegen.

Im Folgenden möchte ich dir sechs weitere mögliche Gründe vorstellen, die hinter deinem Aufschieben stehen könnte (vgl. Lenarz & Glimbovski, 2021).

1. Angst vorm Scheitern

Einige Studierende, mit denen ich gesprochen habe, sind sehr fantasiereich, wenn es darum geht, sich alle möglichen Schreckensszenarien beim Schreiben einer Hausarbeit auszumalen. Sie stellen sich genau vor, was alles schiefgehen kann und wie sie scheitern werden. Klar, schützen sie so auf eine Weise ihren Selbstwert, immerhin kann jemand nicht scheitern, der nicht einmal anfängt. Andererseits werden sie so nie erfahren, ob sie die Hausarbeit vielleicht doch erfolgreich abgegeben hätten. Mein Rat: Stelle dich lieber deiner Angst, es lohnt sich!

Frag dich, wie realistisch es wirklich ist, dass du an deiner Aufgabe scheitern wirst und notiere dir alle Beweise dafür.

2. Angst vor Konfrontation

Die Auseinandersetzung mit den möglichen Gründen für dein Prokrastinieren führt zwangsläufig dazu, dass du dich mit deinen dahinter liegenden Bedürfnissen konfrontierst. Das kann unangenehm werden. Viele Menschen vermeiden genau diese Konfrontation, weil sie eben anstrengend sein kann. Dein innerer Konflikt löst sich durch das Ignorieren jedoch nicht und wird dich möglicherweise wieder einholen.

Eine mögliche konkrete Angst, mit der Studierende konfrontiert werden: Nachdem du deine Hausarbeit endlich abgegeben hast und eigentlich erleichtert bist, wirst du mit der Tatsache konfrontiert, dass du noch drei weitere Hausarbeiten schreiben musst. Das macht dir Angst und löst eine starke Abneigung in dir aus, die folgerichtig zu Prokrastination führt.

3. Angst vor Erfolg

Es mag paradox klingen, dass man Angst vor Erfolg haben kann. Und dass man dadurch aufschieben soll, ohnehin. Ist es erstrebenswert, erfolgreich zu sein? Für viele ist das sicher so. Nur kommt mit Erfolg auch Verantwortung. Es kann sein, dass du mit deinem erreichten Studienabschluss tatsächlich Verantwortung für dein Leben übernehmen und dir einen festen Job suchen musst. Dann wirst du womöglich nicht mehr finanziell von deinen Eltern unterstützt. Den einen mag das motivieren, dem anderen kann das Angst machen – was dann wieder zum Aufschieben führt.

Ein anderer Aspekt von Erfolg ist, dass dein persönlicher Studienerfolg bedeuten kann, dass du auf einmal einen erfolgreicheren Bildungsweg als deine Eltern vorweist. Du überflügelst quasi deine Eltern mit deinem Studienabschluss, sie selbst haben vielleicht „nur" den Hauptschulabschluss. Damit würde die Angst vor Erfolg mit deiner Angst vor der Reaktion deiner Eltern einhergehen, wenn sie dir direkt oder indirekt vorwerfen, dass du dich von ihnen entfernst.

4. Angst vor Konsequenzen

Mit deinem Erfolg und der neu gewonnen Verantwortung geht auch der Verlust von Stabilität einher. Warst du bisher zufrieden in deiner WG und deinem Studienort, musst du dir nach der Abgabe deiner Bachelorarbeit nun Gedanken um dein Master-Studium oder andere Möglichkeiten machen.

Vielleicht müsstet du dafür sogar umziehen, in eine neue Stadt und damit auch in eine neue WG. Und diese Veränderung kann Angst machen. So viel Angst, dass es für dich angenehmer sein kann, weiter aufzuschieben, um dir über die Konsequenzen keine Gedanken machen zu müssen.

5. Scham

Léon Wurmser, ein bekannter Psychoanalytiker, sagte: „Scham ist die Hüterin der Würde" (Wurmser, 1997). Darin steckt ein spannender Gedanke, wie ich finde. Scham wird häufig als negative Emotion angesehen und als etwas, das man eher verstecken sollte, freiwillig nicht gerne zeigt. Es steckt jedoch viel mehr hinter diesem Gefühl. Denn Scham beschützt nun mal deine Würde. Zum Beispiel, wenn du bereits mehrmals Deadlines verpasst oder dich länger nicht bei deinen Betreuenden gemeldet hast. Jedoch lähmt dich die Scham auch und lässt dich prokrastinieren. Für viele ist es unangenehm, sich mit früheren Misserfolgen auseinanderzusetzen, auch wenn nur du selbst sie als Misserfolge interpretierst.

6. Rebellion

Prokrastination kann ganz gezielt als Mittel zur Rebellion genutzt werden. Wenngleich dir das vermutlich nicht sofort bewusst ist. Warst du bisher der/die Musterschüler*in und auch im Studium lief alles glatt, kannst du durch dein Aufschieben erst recht zeigen, dass du selbst entscheidest, wann du fertig wirst und dir von niemandem etwas sagen lässt.

Abschließend möchte ich darauf eingehen, welche „guten Gründe" das Prokrastinieren haben könnte. An den oben genannten Beispielen sieht man nämlich, dass es manchmal ganz nützlich sein kann, Dinge aufzuschieben. Vielleicht verschiebst du den Arbeitsbeginn, weil es dir eben etwas bringt. Denn würde Prokrastination nur Nachteile mit sich bringen und überhaupt keinen Nutzen für uns haben, könnten wir es ja schlicht bleiben lassen – und einfach anfangen.

Wann können Ablenkungen nützlich sein? Starke Gefühle blockieren unser Lösungswissen. Warst du schon mal richtig verliebt, kennst du das vielleicht. Vernunft und Verstand sind ausgeschaltet, wir werden wie ferngesteuert. Was hilft? Ablenkung! Computer spielen, Feeds durchscrollen, essen. Alles, was davor bewahrt, Dinge zu tun, die wir später bereuen.

Gefühle sagen uns, in welche Richtung wir uns bewegen sollen. Wenn du dich nun über deine Hausarbeit ärgerst und du einfach nicht weiterkommst, kann Ablenkung durchaus helfen, deine Gefühle zu regulieren.

1.5 Einflussfaktoren

Prokrastination steht selten allein. Häufig treten neben dem Aufschieben andere Probleme auf. Das können Symptome sein, die auf eine Depressivität hinweisen könnten, wie Schlafstörungen oder Antriebslosigkeit. Oft treten im Zusammenhang mit Prokrastination zudem Symptome auf, die auf eine Aufmerksamkeits- oder eine Angststörung hinweisen. Bei Prokrastination können ebenso Süchte eine Rolle spielen. Weil oft übermäßige Handy- oder Internetnutzung oder erhöhter Alkohol- oder anderer Drogenkonsum von der eigentlichen Aufgabe ablenken. Hier werden die Probleme sichtbar. Daher gilt es zu verstehen, was hinter diesem ablenkenden Verhalten steht und wofür es möglicherweise funktional und dementsprechend „gut" sein könnte. Solange die Ablenkung nämlich eine Funktion erfüllt, wird daran festgehalten.

Im Folgenden will ich näher auf die häufigsten Störungsbilder eingehen, die mit Prokrastination im Zusammenhang stehen, und deren Wechselwirkungen nennen. Aus der Wechselseitigkeit lässt sich obendrein schlussfolgern, dass bei Menschen, die an ihrem Aufschiebeverhalten arbeiten und irgendwann weniger prokrastinieren, andere Probleme ebenfalls in den Hintergrund treten können.

1.5.1 Depressivität

Wie oben bereits erwähnt, beobachte ich häufig Folgeerscheinungen, wenn ich mit Studierenden spreche, die aufschieben. Oft fühlen sich Menschen, die aufschieben, schlecht und entwickeln Symptome, die einer Depression ähneln. Studien weisen darauf hin, dass der Zusammenhang zwischen Depressivität und Prokrastination bei Studierenden mit steigender Semesterzahl zunimmt (vgl. Höcker et al., 2021). Das könnte dadurch zu erklären sein, dass ein nahender Studienabschluss die Sorgen um das Danach wachsen lässt. Solche Sorgen können wiederum zum Aufschieben, sowie zu Niedergeschlagenheit oder Antriebslosigkeit führen, welche ebenfalls Symptome einer Depression sein könnten. Laut Höcker et al. (2021) kann langanhaltende Prokrastination das Risiko für die Entwicklung depressiver Störungen erhöhen.

Beim Thema Depressionen muss man also unterscheiden, was zuerst da war. Sind die typischen Symptome für eine Depression eine Folge des Aufschiebens oder schiebt jemand auf, weil er eine chronische Depression hat? Diese Frage lässt sich erstmal nicht so einfach beantworten. Hinweise auf eine Depression sind eine gedrückte Stimmung, Appetitverlust oder die Abnahme anderer Freuden im Leben. Jedoch reicht das noch nicht aus, um eine Depression zu diagnostizieren.

Ich frage Ratsuchende darüber hinaus nach möglichen Ereignissen, die ihnen schlechte Stimmung machen, wie eine Trennung oder ein schlechtes Prüfungsergebnis. Liegt die Ursache zum Beispiel an einer Trennung, gibt das Hoffnung, dass keine chronische Depression im Vordergrund steht. Nichtsdestotrotz leiden eine Hausarbeit oder das Prüfungsergebnis wohl darunter. Es kann ebenso sein, dass die Laune kippt, weil man so viel prokrastiniert. In diesem Fall steht keine Depression im Vordergrund. Stattdessen könnte sich mit der Abgabe der aufgeschobenen Hausarbeit die Stimmung schlagartig verbessern.

Wenn du dir unsicher bist, ob bei dir eine Depression im Vordergrund steht und du wissen möchtest, wie du das abklären lassen kannst, blättere bitte weiter zu Kapitel 7. Dort erfährst du, an wen du dich wenden kannst und wie du eine passende Beratung oder Psychotherapie findest, in der du eine tiefergehende Diagnostik bekommst.

1.5.2 Aufmerksamkeitsstörungen

In meiner Beratungspraxis begegnen mir immer wieder Studierende, die Symptome einer Aufmerksamkeitsstörung beschreiben. Verbreiteter ist die Bezeichnung ADHS. Man unterschiedet dabei drei Kernsymptome: Aufmerksamkeitsdefizite, Hyperaktivität und Impulsivität. Betroffene berichten, dass sie bereits in ihrer Kindheit Nervosität, fehlende Geduld, sprunghaftes Verhalten, ein Gefühl der Anspannung oder Wutausbrüche spürten. Viel häufiger bemerkten Betroffene diese Symptome gar nicht selbst, sondern werden von ihrem Umfeld, häufig Lehrerinnen und Lehrern, auf Auffälligkeiten im Vergleich zu Gleichaltrigen angesprochen. Viele Studierende, die bei sich eine ADHS-Symptomatik vermuten, waren schon in der Schule oder bei Freizeitaktivitäten leicht ablenkbar und ständig verträumt. Fachärzte sprechen jedoch erst dann von ADHS, wenn die beschriebenen Symptome in einem bestimmten Umfang vorliegen, mehrere Lebensbereiche betreffen und die Person selbst sowie ihr Umfeld darunter leiden.

Ich gehe auf ADHS näher ein, weil etwa die Hälfte der Menschen mit einer Aufmerksamkeitsstörung prokrastiniert. Aufschieben kann dann als ein Teil der ADHS-Symptomatik erklärt werden.

Ein Großteil der Ratsuchenden, die bei sich selbst eine Aufmerksamkeitsstörung vermuten, hat noch gar keine gesicherte Diagnose. Viele recherchieren im Internet oder folgen einem Hinweis von Freund*innen oder der Familie. In einigen Fällen haben betroffene Studierende bei sich nie selbst eine Aufmerksamkeitsstörung vermutet. Bei mir entstehen Hinweise auf Störungen erst beim Explorieren der Schwierigkeiten der Studierenden. Wenn die Ratsuchenden genauer diagnostiziert werden möchten, vermitteln wir sie an einen spezialisierten Facharzt bzw. Psychotherapeuten oder an eine Spezialambulanz für ADHS in einer psychiatrischen Klinik.

Wie hängen ADHS und Prokrastination zusammen? Die meisten von uns machen Dinge gerne auf den letzten Drücker. Erst wenn es darauf ankommt, sind wir am produktivsten. Jedoch haben Studierende, die Symptome einer Aufmerksamkeitsstörung beschreiben, das Problem, dass dieses extreme Aufschieben bis zum letzten Moment oft so stark ausgeprägt ist, dass am Ende das Resultat darunter leidet. Eine zehnseitige Hausarbeit lässt sich vielleicht in der Nacht vor der Abgabefrist runterschreiben, ein ganzes Buch wie dieses hier oder eine Masterarbeit wohl kaum. Dieses Phänomen hat Tim Urban in einem seiner TED-Talks (ein Online-Vortragsformat) sehr anschaulich erklärt (URL auf Seite 130f.). Darin erzählt er von seiner eigenen Abschlussarbeit an der Universität, wie er dabei vorging und schlussendlich prokrastinierte. Wie er am Ende doch noch abgegeben hatte?

„Ich schrieb in 72 Stunden 90 Seiten, machte nicht eine, sondern zwei Nächte durch – kein Mensch sollte zwei Nächte am Stück durchmachen –, *rannte über den Campus, sprang in Zeitlupe – und schaffte es genau zur Deadline abzugeben."* (Übersetzung durch den Autor).

Zurück zu meinen eigenen Erfahrungen: Ich schaffe es (meistens) meine Workshopvorbereitung mit genügend Vorlauf so weit fertigzustellen, dass ich am Ende nur noch Feinheiten überarbeiten muss. Hätte ich jedoch erst 20 Minuten vor dem Workshop überhaupt begonnen, ihn vorzubereiten, wäre ich unruhig geworden und der Workshop wäre vermutlich weniger gut gelungen.

Wenn du bei dir selbst Symptome von ADHS wahrnimmst, rate ich dir: Versuche nicht immer wieder Aufgaben auf dieselbe Weise anzugehen wie deine Kommiliton*innen. Manche von ihnen schaffen es möglicherweise, sich von 8 bis 20 Uhr in die Bibliothek zu setzen und zu lernen. Egal, wie groß die Lust und wie spannend das Thema gerade ist. Menschen mit ADHS fällt die Beschäftigung mit langweiligen Inhalten häufig extrem schwer.

Konzentriere dich vielmehr auf deine individuellen Stärken und erledige Aufgaben auf deine Weise. Vielleicht brauchst du die eine oder mehrere Nachtschichten, in denen du ganz ungestört und fokussiert arbeiten kannst. Vielleicht solltest du aber nicht ganz so spät anfangen wie Tim Urban.

Wenn du mehr zum Thema Aufmerksamkeitsstörungen und ADHS erfahren möchtest, kannst du unter anderem im „Ratgeber ADHS bei Erwachsenen" von Elisabeth Nyberg, Maria Hofecker-Fallahpour und Rolf-Dieter Stieglitz (2013) weiterlesen.

1.5.3 *Ängste*

Auch Ängste wirken sich auf unser Aufschiebeverhalten aus. Ich denke, es leuchtet ein, dass jemand, der Angst vor etwas hat, dieses „Etwas" versucht zu vermeiden. Hätte ich Angst davor, auf einen Berg zu steigen, würde ich keine Wanderung in den Bergen planen. Studierende können verschiedene Ängste haben. Die häufigste Angst, die ich im Zusammenhang mit Prokrastination beobachte, heißt Prüfungsangst. Prüfungsangst selbst stellt keine psychologische Diagnose dar, kann aber unter bestimmten Voraussetzungen, nach dem in Deutschland gültigen Klassifikationssystem ICD-10 (International Classification of Diseases), als spezifische Phobie eingeordnet werden. Prüfungsangst wird bei uns in der Beratungsstelle häufig von Studierenden als Anlass genannt, warum sie eine psychologische Beratung suchen. Häufig taucht sie zusammen mit dem Thema Prokrastination auf. Der Zusammenhang zwischen Prüfungsangst und Prokrastination wird in folgender Abbildung dargestellt:

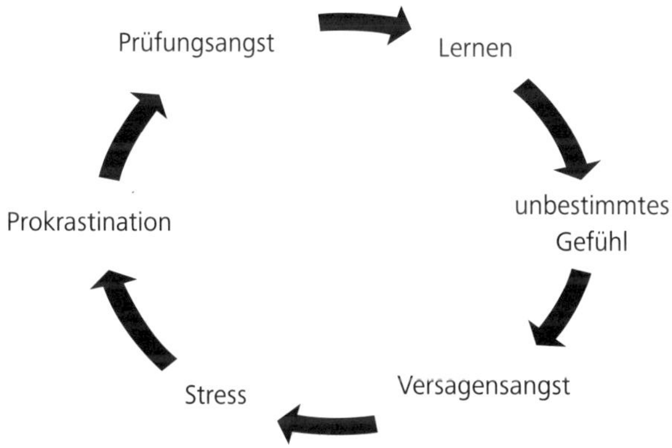

Abbildung 1: Kreis der Prüfungsangst

Ich versuche ein Beispiel anhand einer fiktiven Studentin zu geben: Sie beschreibt, dass sie beim Lernen ständig ein unbestimmtes Gefühl wahrnimmt. Sie konzentriert sich dann auf dieses Gefühl und das macht ihr Angst. Weil sie erst mal gar nicht weiß, wie sie dieses Gefühl benennen soll, überlegt sie, dass dieses Gefühl Angst sein könnte. Sie grübelt, wovor sie Angst haben könnte. Beispielsweise könnte sie davor Angst haben, zu versagen, indem sie durch die Prüfung fällt; sie könnte befürchten, sich bei der mündlichen Prüfung total zu blamieren usw. Diese Katastrophengedanken lösen bei unserer fiktiven Studentin nachvollziehbarerweise Stress aus. Das Gefühl, einer Situation nicht gewachsen zu sein, setzt sie unter Stress und macht ihr Druck. An dieser Stelle kommt Prokrastination ins Spiel, was wiederum die Prüfungsangst verstärkt – und so dreht sich der Teufelskreis. Denn wir sind alle sehr gut darin, unangenehme Gefühle zu vermeiden. Das haben wir früh gelernt – und das ist sogar evolutionsbiologisch in uns angelegt. Wenn du dich für die evolutionsbiologischen Hintergründe interessierst, kannst du ja mal *„Kampf-oder-Flucht-Reaktion"* in eine Suchmaschine eingeben, um mehr über die Hintergründe und die neurobiologischen Abläufe in Stresssituationen nachzulesen.

Ich möchte noch mal auf den Zusammenhang zwischen Prüfungsangst und Prokrastination zurückkommen. Solltest du Angst vor deiner Bewertung haben und dich dadurch gestresst fühlen, lautet die funktionale Antwort darauf: Vermeidung der Angst durch Prokrastination. Laut Untersuchungen der Prokrastinationsambulanz der Universität Münster hängt Versagensangst stark mit der Tendenz zum Aufschieben zusammen: „Menschen, die häufig aufschieben, haben oft die Befürchtung, dass das Ergebnis ihrer Arbeit oder ihre Leistung nicht zufriedenstellend sein könnte" (Höcker et al., 2021).

Was kannst du jetzt tun, wenn du Angst vorm Versagen oder vor einer (negativen) Bewertung hast und deswegen prokrastinierst? Versuch deine Gedanken und ihren Wahrheitsgehalt zu hinterfragen. Welche Beweise gibt es dafür, dass ich versagen werde? Wer sagt überhaupt, dass ich mich blamieren werde? Vermutlich lässt sich das Problem mit der Prokrastination mit diesem einfachen Hinterfragen nicht sofort lösen. Jedoch können diese Fragen ein Anfang sein.

Mehr über das Thema Prüfungsangst erfährst du zum Beispiel im Ratgeber „Prüfungsangst bewältigen" von Irene Warnecke (2018), der ebenfalls in der Reihe „Stark fürs Studium" (UTB) erschienen ist.

1.5.4 Onlineabhängigkeit

Im Zusammenhang mit Prokrastination steht zudem die Onlineabhängigkeit, die von Onlinespielen, aber auch die von sozialen Medien.

Onlinespiele, die abhängig machen können, sind häufig sogenannte MMORPGs (Mehrspieler-Online-Rollenspielen). Das wohl bekannteste Beispiel heißt *World of Warcraft*. Rollenspiele bieten besonders durch ihre Belohnungssysteme und die Einbindung in ein soziales Spielernetzwerk hohes Suchtpotential. Sie sind so konzipiert, dass sie die Spielenden verleiten, möglichst viel Zeit damit zu verbringen. Gleichzeitig vermitteln diese Spiele ein Gefühl, etwas zu verpassen, sobald man offline ist.

Onlinespiele reizen außerdem dadurch, dass Betroffene sich dort die Anerkennung holen, die sie in der realen Welt vermissen. Häufig passiert das durch Mitspieler, die ihnen wohlgesonnen sind. Genauso kann man in einem Onlinespiel in jede mögliche Rolle schlüpfen und sich durch die reine Spielzeit (übernatürliche) Fähigkeiten erwerben. Die Spiele laden dazu ein, aus der realen Welt in eine Traumwelt zu fliehen, in der man jemand ganz anderes sein kann.

Ein vergleichbares Suchtpotenzial haben Soziale Netzwerke, wie *Instagram* oder *Facebook*. Vermutlich jeder Studierende nutzt in irgendeiner Form soziale Netzwerke. Ergibt sich mal „Leerlauf", zieht man automatisch das Smartphone aus der Tasche, beim Warten auf den Bus, auf dem Weg zur Uni oder beim Nichtstun zu Hause. Unbewusst werden auch damit unangenehme Gefühle unterdrückt. Langeweile oder Zeit zum Nachdenken, um sich selbst zu reflektieren, wird vermieden.

Sich abzulenken scheint oft einfacher, als sich mit aktuellen Problemen, Stressempfinden oder Konflikten auseinanderzusetzen, die einem sonst in jenen Leerläufen bewusst würden. Dadurch lässt sich zudem der Drang erklären, immer wieder das Handy in die Hand zu nehmen. Denn die eigentlichen Gefühle oder Gedanken drängen sich ja wieder auf, wenn das Handy und damit die Zerstreuung weggelegt wurde. Hinter dem häufigen Nachschauen, ob dir jemand geschrieben oder auf einen Beitrag von dir reagiert hat, könnte der Wunsch stehen, beliebt sein zu wollen oder beachtet und wahrgenommen zu werden. Eine eingehende Nachricht wirkt somit als sogenannter „positiver Verstärker", der eine Art Befriedigung bringt. Davon möchte man am Tag freilich möglichst viel bekommen.

Laut Bert te Wildt (2015) entscheidet nicht die reine Onlinezeit über die Abhängigkeit, sondern die Frage, in welchen Lebensbereichen dadurch Probleme entstehen. Wenn man etwa nicht mehr zur Uni geht oder Seminare verpasst, wenn man Freundschaften vernachlässigt, Hobbys schleifen lässt und dadurch immer mehr vor dem digitalen Endgerät vereinsamt. Wenn körperliche Einschränkungen hinzukommen, wie mangelnde Bewegung, schlechte Ernährung, Störung oder Umkehrung des Schlaf-Wach-Rhythmus, ja spätestens dann sollte man alarmiert sein und über professionelle Hilfe nachdenken. Wie und wo du professionelle Hilfe finden kannst, erfährst du in Kapitel 7.

Nachdem du bis zum Ende des ersten Kapitels gekommen bist, möchte ich dir schon mal zu deinem ersten Erfolg gratulieren. Du hast den Einstieg in diesen Ratgeber geschafft und dich bis hierhin mit deiner Prokrastination erfolgreich auseinandergesetzt! Obwohl es sicher genug Dinge gegeben haben mag, die du lieber gemacht hättest, als diesen Ratgeber zu lesen, hast du es geschafft, dranzubleiben. Dafür schon mal ein großes Kompliment von mir!

Nun hast du immerhin schon erfahren, dass du als Aufschieber*in in guter Gesellschaft bist und es vielfältige Ursachen für dein Aufschieben gibt. Vielleicht bist du sogar gerade beruhigt, dass deine Prokrastination noch nicht so stark ausgeprägt ist, wie bei anderen.

Für die folgenden drei Kapitel habe ich entweder selbst einige der vorgestellten Tipps ausprobiert oder Erfahrungen von Studierenden gesammelt und hier dargestellt. Diese Sammlung habe ich in drei Kapitel unterteilt: *Anfangen, Dranbleiben, Abschließen.* Jene stellen die drei häufigsten Zeitpunkte dar, zu denen Studierende aufschieben. In einem meiner Workshops habe ich die Teilnehmer*innen gefragt, zu welchem Zeitpunkt sie die meisten Probleme haben und zum Aufschieben neigen. Viele Studierende gaben Schwierigkeiten in allen drei Phasen an. Die meisten Schwierigkeiten wurden jedoch beim Anfangen berichtet, daher beginne ich meine Tipps auch mit dieser Phase.

Beim Weiterlesen wirst du dafür belohnt werden, dass du so ehrlich mit dir warst, diesen Ratgeber zur Hand zu nehmen.

Denn du wirst ganz praktische Tipps und Anregungen finden, um dein Aufschieben in den Griff zu bekommen.

Viel Spaß beim Ausprobieren. Halte durch. Es lohnt sich!

2 Anfangen

2.1 Sei ehrlich zu dir selbst

Einer der wichtigsten Tipps gleich zu Beginn: Sei ehrlich zu dir selbst. Denn nur, wenn du wirklich ehrlich zu dir bist und dir eingestehst, dass du aufschiebst, kannst du etwas an deinem Aufschiebeverhalten ändern.

TIPP
Mach dir nichts vor.

Mit dem Interesse an diesem Ratgeber hast du dir wahrscheinlich bereits eingestanden, dass du Prokrastination selbst kennst und möglicherweise sogar darunter leidest. Das war ein wichtiger Schritt! Denn nur mit Ehrlichkeit zu dir selbst wirst du es schaffen, dein Aufschieben zu überwinden. Frag dich bei den folgenden Tipps, ob du dich in meinen Beschreibungen oder den Fallbeispielen wiederfindest. Wenn dem so ist, versuche dir ehrlich zu beantworten, ob du etwas an deinem Aufschiebeverhalten ändern möchtest – oder eben nicht. Du kannst natürlich weiter aufschieben und deine Hausarbeit oder deine Abschlussarbeit nicht abgeben. Dann solltest du dir jedoch ehrlich eingestehen, dass du dich bewusst dafür entschieden hast, nichts an deinen Gewohnheiten zu ändern und du wirst akzeptieren müssen, dass du weiter aufschiebst. Möchtest du wirklich produktiver werden und weniger aufschieben, lies weiter und probiere doch mal ein paar der Übungen aus diesem Kapitel aus.

TIPP
Sage dir laut: „Ich ändere jetzt etwas!"

Damit du etwas ändern kannst, beschäftige dich zuallererst damit, was du alles aufschiebst und wie deine Ablenkungsstrategien aussehen. Versuche ebenso, deine persönlichen Gründe für dein Prokrastinieren zu suchen. Blättere dazu auch gerne zurück zu Kapitel 1.4: „Mögliche Gründe für Prokrastination" und überlege, in welchen Beschreibungen du dich möglicherweise wiederfindest. Sei bei der folgenden Übung weiterhin möglichst ehrlich zu dir selbst.

ÜBUNG
Stell dir einen Timer auf fünf Minuten, nimm dir ein Blatt Papier und einen Stift zur Hand und beantworte diese Fragen:

Welche Tätigkeiten schiebe ich auf? Schiebe ich noch was anderes gerade auf, außer beispielsweise meine Hausarbeit? Überlege, was du alles aufschiebst.

1. Was tue ich stattdessen? Womit lenke ich mich ab? Was sind meine "besten" Prokrastinationsstrategien?
2. In welchen Situationen ist es anders? Wann schaffe ich es eher, an einer Sache zu bleiben? Wann bin ich motivierter?
3. Was könnten meine „guten" Gründe sein, aufzuschieben?

Versuch in diesen fünf Minuten alles aufzuschreiben, was dir in den Sinn kommt.
Sobald der Wecker klingelt, hör mit dem Schreiben auf und gebe dich für den Moment mit dem zufrieden, was du geschrieben hast.
Falls du vor dem Timer fertig sein solltest, kritzle einfach noch ein bisschen mit dem Stift weiter und bleib somit bei deinem Blatt. Schau dir erneut die Fragen an und versuche beim Kritzeln doch noch neue Gedanken mit aufs Papier zu bringen. – Fertig!
Lies dir laut vor, was du aufgeschrieben hast. Wie geht es dir damit, deine eigenen Worte zu lesen? Welche neuen Erkenntnisse hast du bis hierhin schon gewonnen?

2.2 Beginne sofort

Lege jetzt sofort los! Nachdem du dir gesagt hast, dass du etwas ändern möchtest, kannst du gleich damit anfangen. Überlege dir dafür deinen allerersten Schritt. Der kann auch erstmal nur bedeuten, dir ein neues Dokument zu erstellen und es Hausarbeit XY zu nennen.

Warte nicht auf den perfekten Moment, um anzufangen. Der passende Moment wird eh nie kommen. Immer wird es vermeintlich Wichtigeres zu tun geben. Fang einfach an, egal ob du in der Stimmung bist oder nicht. Das Warten auf den richtigen Moment bietet eine typische Ausrede, um das Anfangen hinauszuzögern. Unweigerlich führt dies zu Prokrastination.

TIPP
Beginne mit dem Unangenehmsten.

Meistens sind es die unangenehmen Aufgaben, die wir vor uns herschieben. Das sind häufig Aufgaben, die keinen Spaß machen, aber auch solche, von denen wir uns überfordert fühlen. Ich zum Beispiel schiebe gerne die Abschnitte auf, bei denen ich nicht genau weiß, was ich schreiben soll. Also versuche ich meine Arbeitseinheit mit den anstrengenden Abschnitten zu beginnen, wenn ich noch konzentriert bin, um sie hinter mich zu bringen.

Probiere ebenfalls mal aus, zu Beginn deiner Arbeitseinheit mit einer unangenehmen Aufgabe zu starten, wenn du noch die Energie dazu hast. Danach werden dir die weiteren Aufgaben leichter von der Hand gehen, weil du dir sagen kannst, dass es von nun an nur einfacher werden wird.

TIPP
Beginne mit einer leichten Aufgabe.

Ich weiß, es klingt widersprüchlich. Erst sollst du mit einer unangenehmen Aufgabe beginnen und jetzt doch mit einer leichten. Damit möchte ich dir nur zeigen, dass es mehrere Varianten gibt, die du ausprobieren kannst. Es kann frustrierend sein, wenn du einfach nicht ins Arbeiten kommst, weil du an deiner unangenehmen Aufgabe verzweifelst. Falls dem so ist, suche dir eine leichte Fingerübung, die du dir auf jeden Fall zutraust. Nutze diese kleine Aufgabe, um erst mal ins Arbeiten reinzukommen und wenn du dann mal drin bist, kannst du dich Schritt für Schritt an die „dickeren Brocken" wagen. Probiere aus, wie es für dich besser passt.

Dazu möchte ich dir eine Technik von Timo Nolle (2021) vorstellen. Er nennt diese Technik „I'll be back"-Technik, was auf ein Zitat des „Terminators" aus dem gleichnamigen Kinofilm zurückgeht. Diese Technik habe ich selbst in einer seiner Fortbildungen geübt und als nützlich erlebt.

ÜBUNG: TERMINATOR-TECHNIK

Überlege dir im ersten Schritt nur ganz grob, was du noch zu tun hast und was du gerade vor dir herschiebst. Das kann zum Beispiel irgendetwas sein, was du an deiner Hausarbeit machen möchtest.
... Hast du eine Idee, was du machen könntest?
Und jetzt leg bitte diesen Ratgeber zur Seite und starte nur fünf Minuten mit deiner Aufgabe. Stell dir den Wecker und hör konsequent nach Ablauf der Zeit auf, egal, wie weit du gekommen bist.
Sag dir jetzt laut: „Ich komme wieder." –
Bis gleich.

Wie war diese Mini-Übung für dich? Als ich die Übung ausprobiert hatte, war ich zuerst etwas skeptisch, ob ich in so kurzer Zeit überhaupt etwas schaffen würde. Aber siehe da, ich schaffte mehr als erwartet und die wenigen Minuten vergingen wie im Flug. Tatsächlich fiel es mir sogar schwer, aufzuhören und wieder zur Fortbildung zurückzukehren. Denselben Effekt melden mir auch Studierende zurück, mit denen ich diese Übung in meinen Beratungsgesprächen ausprobiere. Da haben wir den Vorteil, dass ich den Startschuss gebe und die Studierenden nach fünf Minuten ans Aufhören erinnere. Überleg dir, ob du vielleicht jemanden in diese Übung einbeziehen möchtest oder wie du dich selbst nach den fünf Minuten ans Aufhören erinnern kannst. Der Effekt dieser Übung: Wenn du erst einmal mit einer Aufgabe für ein paar Minuten angefangen hast, fällt es dir beim nächsten Mal leichter, wieder da weiterzumachen, wo du aufgehört hattest.

Die letzte Übung, um sofort beginnen zu können, habe ich aus einem Podcast von Walter Epp (URL auf Seite 130f.). In einem meiner Beratungsgespräche hatte ich einem Studenten die M&M-Methode als Ergänzung zur Terminator-Technik vorgestellt. Vielleicht magst du ja auch beide Tipps miteinander verknüpfen.

ÜBUNG: M&M-METHODE

Stell dir vor, du öffnest eine Packung M&Ms und fängst an die ersten Schokolinsen zu genießen. Erst eine grüne, dann eine blaue usw. Bleibt es bei ein paar M&Ms? Nein. Vermutlich wirst du weiternaschen, bis die Tüte leer ist. Auf diese Weise kannst du mal versuchen, an dein Schreibvorhaben ranzugehen. Nehm dir vor, einen einzigen Absatz zu schreiben. Das kann dein Gehirn im Handumdrehen und ohne Widerstand leisten. Wenn du erstmal angefangen hast, steigt die Lust weiterzuschreiben und aus einem Absatz wird plötzlich eine ganze Seite. Genauso wie die M&M-Tüte nach

> einer Weile leer ist, weil du einfach nicht aufhören kannst. Warum? Weil dein Gehirn Dopamin ausschüttet, wenn du einen kleinen Erfolg erreicht hast. Und dein Gehirn lässt dich immer weitermachen, weil es noch mehr von diesem Belohnungs-Botenstoff haben möchte.

2.3 Starte mit Bewegung in den Tag

Beim Schreiben von wissenschaftlichen Texten oder beim längeren Lernen kommt die Bewegung häufig zu kurz. Wir verbringen Stunden gebückt vor einem kleinen Bildschirm oder kleingedruckten Büchern und stehen erst dann auf, wenn ein Fuß eingeschlafen ist oder es irgendwo zwickt.

Versuche also gleich mit Bewegung in den Tag zu starten und bewege dich danach regelmäßig. Gehe zum Beispiel erst mal eine Runde spazieren, bevor du dich an den Schreibtisch setzt. Wenn du dann wieder zu Hause ankommst, fühlt es sich so ähnlich an, als würdest du in der Bibliothek oder am Campus ankommen und du kannst mit voller Energie das Schreiben beginnen.

Achte darauf, dich auch zwischen den Phasen des Arbeitens am Schreibtisch zu bewegen. Steh etwa alle halbe Stunde auf und mach die ein oder andere Dehnübung. Eine Anleitung mit möglichen Dehnübungen findest du beispielsweise hier.

Abbildung 2 a und b: Dehnübungen für Zwischendurch

Zusätzlich zu Dehnübungen sind Atemübungen hilfreich beim Lernen oder Schreiben. Besonders in stressigen Phasen, kann eine simple Atemübung fast schon Wunder bewirken. Probiere es doch mal selbst aus.

ATEMÜBUNG

Setz dich an den Stuhlrand – Füße hüftbreit – und richte deine Wirbelsäule auf.

Schließ deine Augen, leg deine Hände locker auf die Oberschenkel.

Ziehe nun beim Einatmen die Schultern zu den Ohren und atme in deinen Bauch. Dann atmest du langsam wieder aus. Beim Ausatmen drückst die Schultern nach hinten und unten.

Wiederhole diese Übung drei Mal.

Achte zudem darauf, dass du dein Zimmer während des Lernens oder Schreibens regelmäßig durchlüftest. Das hat einen doppelten Effekt. Zum einen lässt du frische Luft – und damit

Sauerstoff – ins Zimmer, dadurch kannst du dich besser konzentrieren. Zum anderen musst du fürs Lüften aufstehen und bewegst dich beim Weg zum Fenster und zurück.

2.4 Achte auf deine Ernährung

Ein Aspekt wird häufig vergessen: die Ernährung. Auch wenn ich kein Experte auf diesem Gebiet bin, so will ich doch kurz für eine gesunde Ernährung werben, besonders während stressiger Arbeitsphasen. Manche halten dagegen und argumentieren, es koste mehr Zeit, etwas Gesundes zuzubereiten. Ja, das mag stimmen. Diese Zeit ist allerdings gut investiert, da die Zeit fürs Kochen sich langfristig auszahlt für deine Gesundheit, dein Wohlbefinden und damit auch deine Produktivität. Gerade beim Lernen oder Schreiben empfiehlt es sich, zum Mittag leichte Kost zu sich zu nehmen. Es muss nicht immer ein Salat sein, aber Steak, Pizza oder Lasagne eben auch nicht. Wenn du deine Mahlzeiten gut planst und vorbereitest, kannst du auch viel Zeit einsparen, die du dann wiederum für deine Arbeit nutzen kannst.

Achte auch während deiner Arbeitsphasen darauf, dass du genügend trinkst und regelmäßig aufstehst und dir z. B. einen Tee machst oder Wasser nachfüllst.

2.5 Entwickle und nutze Routinen

Hast du erst einmal Morgenroutinen entwickelt, kannst du gleich damit weitermachen, dir weitere Routinen zu überlegen. Routinen sind ein mächtiges Werkzeug, um deine Prokrastination zu überwinden. Ein wiederkehrender Rhythmus von Ritualen gibt dir Struktur, verhindert das Hinterfragen der

Tätigkeit und verleiht dir Sicherheit. Indem du jeden Tag mit der gleichen Routine beginnst, lässt du gar nicht erst zu, dass du dich mit anderen Dingen ablenkst.

Versuche doch mal, unliebsame Aufgaben genauso strukturiert in deinen Alltag einzubauen, wie das Zähneputzen. Wir Erwachsenen nehmen routiniert die Zahnbürste in die Hand, jeden Tag, morgens und abends und sogar dann, wenn wir keine Lust darauf haben. Versuche, auch für andere Tätigkeiten solche Regelmäßigkeiten einzuführen und kopple sie an bestimmte Zeiten oder Abläufe. Dann hadert man irgendwann nicht mehr jedes Mal damit, sie zu erledigen. So könntest du zum Beispiel jeden Abend nach dem Zähneputzen eine Seite in deinem Lehrbuch lesen.

Eine Routine könnte aber auch schon mit dem Frühstück beginnen. Ich esse jeden Morgen das gleiche Müsli und trinke einen Kaffee. So überlege ich morgens gar nicht lange, was ich nach dem Aufstehen mache, sondern starte mit demselben Frühstücksritual. Danach bin ich gestärkt und kann zur Arbeit fahren. Vermutlich wirst du im Studium nicht jeden Morgen zur selben Zeit zur Uni fahren müssen, daher lohnt es sich umso mehr, feste Routinen einzuplanen. Damit signalisierst du deinem Körper, dass es gleich mit dem Arbeiten losgeht. Du könntest dir als Routine vornehmen, jeden Morgen eine halbe Stunde Fitnessübungen zu machen, so tust du etwas für deine Gesundheit und bist voller Energie, um dich danach an den Schreibtisch setzen zu können.

Neben festen Alltagsroutinen solltest du dir auch einen festen Schreibrhythmus zulegen. Aus der Schreibforschung weiß man, dass feste Schreibzeiten hilfreich für ein flüssiges Schreiben sind. Versuch dich also täglich an den Schreibtisch zu setzen und erhöhe so die Wahrscheinlichkeit, dass überhaupt Text entstehen kann. Manchmal muss man einfach warten, bis etwas kommt.

ÜBUNG: WARTEN AUF DEN EINFALL

Nimm dir eine Passage deines Textes vor, den du schreiben möchtest und bei dem es dir einfach nicht gelingt, anzufangen.

Stell dir einen Timer auf 15 Minuten.

Lass deine Gedanken zu deinem Thema schweifen, lasse alle Einfälle zu, ohne dich zu begrenzen. Zwing dich nicht, dass die Einfälle besonders originell sein müssen, sondern nimm einfach nur wahr, was kommt. Wenn etwas kommt, gut, wenn nichts kommt, auch o.k. Vielleicht möchtest du dir einen der Einfälle gerne notieren. Hör nach 15 Minuten sofort auf. Versuche nun diese Übung für einige Tage zur selben Zeit zu wiederholen. Somit schaffst du eine Routine und dein Gehirn beschäftigt sich jeden Tag mit deinem Thema und dir wird mit der Zeit immer mehr einfallen.

Einen weiteren Tipp habe ich von einem Studenten, der jeden Morgen gleich nach dem Aufstehen sein Bett macht, bevor er sich an den Schreibtisch setzt.

TIPP

Mach dein Bett.

Das klingt zunächst trivial. Dem erwähnten Studenten hilft diese Routine jedenfalls ungemein dabei, mit dem Arbeiten beginnen zu können. Dadurch, dass er sein Bett ordentlich macht, verhindert er, sich noch mal reinzulegen. Überlege selbst gerne einmal, welche Morgenroutinen für dich nützlich sein könnten, um in einen Modus zu kommen, in dem du schon fertig zum Arbeiten bist und nicht mehr in deinen Schlafmodus zurückkehren kannst.

2.6 Zieh dein Arbeitsoutfit an

Eine Studentin erzählte mir in einem unserer Beratungsgespräche, dass sie sich zum Lernen zu Hause so anziehe, wie für die Uni. Das (ordentlich) Anziehen und „fertig machen" sorgt dafür, Körper und Geist in einen Aktivitätsmodus zu versetzen und signalisiert uns, zu arbeiten.

Besonders wenn du viel an deinem Schreibtisch zu Hause arbeitest, solltest du dir überlegen, auch dafür eher etwas anzuziehen, was du auch für die Uni anziehen würdest, anstatt dich im Schlabberlook vor den PC zu setzen. Hierbei spielt auch der Gewohnheitseffekt eine Rolle. Wenn du es gewohnt bist, zur Uni oder zur Bibliothek ein Hemd oder eine schicke Bluse anzuziehen, dann bringst du mit dieser Kleidung Arbeiten in Verbindung. Analog zu anderen Routinen verknüpft dein Gehirn mit deinem Arbeitsoutfit auch den Befehl, produktiv zu sein.

Gerade an Tagen, an denen du dich nicht so gut fühlst, solltest du ein Outfit wählen, das du magst und das dir Selbstbewusstsein gibt. Wie sagt man so schön: „Kleider machen Leute." Das, was wir tragen, kann eben auch unsere Stimmung beeinflussen. Im Schlafanzug ist beispielsweise die Versuchung größer, sich wieder ins Bett zu legen, als im Hemd, das verknittern könnte. Mit deinem Arbeitsoutfit kannst du dich zudem vor Ablenkungen von außen abgrenzen. Indem du schon durch dein Outfit signalisierst, dass du gerade arbeitest, zeigst du deinen Mitbewohner*innen oder deiner Familie, dass du gerade nicht gestört werden möchtest, sondern etwas Wichtiges zu tun hast, nämlich arbeiten.

Ein weiterer entscheidender Aspekt: Wer sich umzieht, markiert damit Beginn und Ende des Arbeitstages. Für mich ist es an normalen Arbeitstagen ein Ritual, dass ich mich sobald ich wieder daheim bin, erst mal umziehe. Damit leite ich meinen

Feierabend ein. Dasselbe kann man auch tun, wenn man zu Hause gearbeitet hat. Durch das Umziehen am Ende deines Arbeitstages markierst du einen Schlussstrich und versetzt deinen Körper wieder in den Freizeitmodus. Ab jetzt kannst du abschalten und musst nicht mehr an dein Schreibprojekt denken. Theoretisch jedenfalls, in der Praxis lässt sich das bekanntlich nicht immer so leicht trennen.

Wie bei so vielen der vorgestellten Tipps, hängt auch beim Arbeitsoutfit der Effekt davon ab, wie sehr du an die Methode glaubst und wie ernsthaft du es ausprobierst. Denn es geht ebenso um deine Überzeugung, welche Außenwirkung du durch deine Kleidung erzielst. Fühlst du dich durch dein Arbeitsoutfit wohler und kompetenter, wirst du schlussendlich auch produktiver arbeiten können und weniger prokrastinieren.

2.7 Beschäftige dich mit deinen Gefühlen

Frag dich, bevor du weiterliest, wie du dich jetzt, in diesem Moment, fühlst. Ich stelle mir diese Frage auch und beantworte sie gerade so:

... Mir geht es gerade gut, ich fühle mich wach und ungestört, diese Zeilen schreiben zu können. Mir gehen noch ein paar Gedanken durch den Kopf, ob das, was ich hier schreibe, so passend ist – aber auf Gefühlsebene stört mich gerade wenig. Dazu habe ich mir die Voraussetzungen geschaffen, dass ich mich gerade bereit fürs Schreiben fühle. Ich habe mir einen Kaffee gemacht, auf meinem Schreibtisch liegen die Dinge, die ich brauche, und ich habe Ruhe. Außerdem habe ich mir ungefähr überlegt, was ich in der nächsten halben Stunde schreiben möchte, nämlich diesen Abschnitt zu Gefühlen.

Mir fällt bei meinen Beratungsgesprächen auf, dass Gefühle eine große Rolle beim Prokrastinieren spielen und dass man diese Gefühle nicht einfach ausblenden kann. Tut man dies, wird man in den meisten Fällen weiter aufschieben und wenig produktiv sein können. Stattdessen ist es für unser Unterbewusstsein tröstlicher, wenn wir unsere Gefühle anerkennen, statt sie bekämpfen zu wollen. Eben wie bei einem Kind: Nach dem Hinfallen hört es schneller auf zu weinen, wenn seine Mutter oder sein Vater seinen Schmerz anerkennen und sagen: „Das muss echt wehtun" statt „Das ist doch überhaupt nicht schlimm."

Möchtest du Lernen, mit deinen Gefühlen während des Arbeitens in Kontakt zu kommen, kannst du folgende Übung ausprobieren:

ÜBUNG

Sobald dich beim Nachdenken über deine zu erledigende Aufgabe Unbehagen oder Angst überkommen, strecke deine Hand aus und begrüße deine Gefühle. Ein Gefühl nach dem anderen. Lade sie ein. Bitte sie sogar, sich zu dir an den Tisch zu setzen und es sich gemütlich zu machen. Bist du schließlich in Gesellschaft deiner Gefühle, widme dich deiner Aufgabe. Mach dich ans Lernen oder ans Schreiben. Sobald du angefangen hast zu arbeiten, wirst du merken, dass deine Gefühle nicht lange sitzen bleiben. Beendest du nach einer Weile deine Aufgabe, haben sich sicher deutlich erfreulichere Gefühle zu dir gesellt. Denn du hast es geschafft. Mit diesen neuen Gefühlen kannst du nun das Erreichen deines Ziels feiern.

Wenn du magst, kannst du auch mal ausprobieren, deine Gefühle zu Papier zu bringen. Nutze dazu einfach die nächste Übung:

ÜBUNG

Welche Gefühle kennst du? Welches Gefühl regt sich in dir, wenn du an deine Hausarbeit oder deine Abschlussarbeit denkst?

Die folgende Tabelle kann dir helfen, deine Gefühle zuzuordnen (vgl. Bauer, 2020). Markiere die Gefühle, die du wahrnimmst (Mehrfachmarkierungen möglich).

Angst	Gelassenheit
Unruhe	Innere Ruhe
Wut	Angenehmer Nervenkitzel
Existenzangst	Amüsiertheit
Zögerlichkeit	Inneres Kribbeln
Zweifel	Zufriedenheit
Unzufriedenheit	Erleichterung
Verzweiflung	Zuversicht
Sorgen	Entspannung
Ärger	Selbstsicherheit
Selbstzweifel	Vorfreude
Erleichterung	

Schau dir jetzt noch einmal die Tabelle an und welche Gefühle du markiert hast. Überlege dir doch auch mal typische Aussagen, die dir zu den markierten Gefühlen einfallen. Menschen, die prokrastinieren, werden sich vermutlich eher auf der linken Seite der Tabelle wiederfinden. Die dort aufgelisteten Emotionen führen bei vielen eher zum Aufschieben als die auf der rechten Seite.

WIE JENS ANFÄNGT
Jens (Name geändert) beschreibt mir, wie er vorgeht, bevor er anfängt zu lernen. Er meint, er müsse sich erst mal ein „schönes Umfeld" schaffen. Bevor er loslege, räume er seinen Schreibtisch und auch den ganzen Bereich um seinen Schreibtisch herum auf, um sich einen angenehmen Arbeitsplatz zu schaffen. Er zünde auch eine Kerze an, gehe vor dem Arbeiten meistens noch duschen und ziehe sich etwas „Ordentliches" an.

An diesem Beispiel sieht man, dass Jens Wert darauf legt, sich wohlzufühlen, um das für ihn unangenehme Lernen angehen zu können. Durch die Veränderung bestimmter äußerer Rahmenbedingungen, fällt es ihm somit leichter, konzentriert zu arbeiten.

Zu Beginn des Buches hast du ja bereits etwas zu möglichen Einflussfaktoren auf Prokrastination erfahren, zum Beispiel über Angst. Angst empfinden viele Studierende, wenn sie am Schreibtisch sitzen und prokrastinieren. Vielleicht hast auch du „Angst zu versagen", „Angst zu scheitern" oder „Angst vor dem was nach der Abgabe kommt". Diesen Ängsten lohnt es sich auf den Grund zu gehen und sich näher mit ihnen zu beschäftigen. Denn dadurch kannst du deinem Prokrastinieren etwas entgegensetzen und zukünftig produktiver werden. Wenn du konkreter benennen kannst, wie du dich gerade fühlst, kannst du selbst entscheiden, ob du dich in diesem Moment mit diesem Gefühl beschäftigen musst, weil es dir möglicherweise einen wichtigen Hinweis gegeben hat, dem du nachgehen musst. Oder aber du kannst deine Gefühle aufschreiben oder malen und ihnen einen Platz auf deinem

Schreibtisch zuweisen, von dem aus sie dich begleiten dürfen, während du arbeitest. Vielleicht musst du deine Versagensangst ja gar nicht loswerden, um schreiben zu können. Versuche doch mal, trotz und gerade mit dieser Angst, zu schreiben. Du wirst dich wundern: Es kann funktionieren.

Mit der folgenden Übung lernst du eine weitere Möglichkeit kennen, deinen Gefühlen auf die Spur zu kommen:

ÜBUNG: GEFÜHLSAMPEL

Du sitzt am Schreibtisch und stellst dir vor, an einer viel befahrenen Straße an einer Fußgängerampel zu stehen. Um die Straße zu überqueren, sprich mit der Arbeit loszulegen, drückst du den Knopf der Ampel und wartest auf Grün. Diese Wartezeit kannst du nutzen, um dich zu fragen, ob die Ampel auf Grün springen soll, du also bereit bist, mit dem Schreiben oder Lernen anzufangen oder ob du dich noch um irgendetwas kümmern musst, was dir im Weg steht. Gibt es gerade noch einen Gedanken, den du aus dem Verkehr räumen musst? Überlege, was du noch brauchst, bevor du deine innere Gefühlsampel auf Grün springen lässt. Versuche, dich von deinen Vorstellungen von einem perfekten Text zu verabschieden, lass alle inneren Zwänge vorbeifahren. Nimm dir vielleicht noch ein paar Atemzüge...

Und wenn du so weit bist und die Ampel auf Grün springt, kannst du mit dem Schreiben oder Lernen loslegen.

Eine zweite Übung kannst du gleich anschließen oder getrennt davon ausprobieren.

SCHREIB-ÜBUNG
Schreibe deine Gefühle in ein Text-Dokument am PC. Notiere alles, was dir in den Sinn kommt. Lasse jeden Gedanken zu.
Wenn du fertig bist, markiere deinen Text farbig oder kursiv.
Spiegle im Anschluss deine Gedanken aus einer Außenperspektive und antworte auf deinen markierten Text. Ganz so, als ob dir ein/e gute/r Freund*in auf deine Nachricht antworten würde.
Schreibe immer wieder in dieses Dokument, wenn dir ablenkende Gedanken kommen.

2.8 Wähle ein Anfangsritual

Vorher festgelegte Rituale können dir helfen, leichter anzufangen. Als Startsignal, wenn man so will. Eines meiner Rituale: Bevor ich mich zu Hause an den Schreibtisch setze und mit meiner Arbeit beginne, kehre ich erst mal die Krümel vom Fußboden auf. Dann lege ich los.

ÜBUNG
Was könnte dein Ritual werden? Überlege nun drei Minuten und notiere deine Ideen, damit du sie an deinem nächsten Schreibtag ausprobieren kannst.

Falls du gerne Tee trinkst, habe ich ein Ritual für dich, das du mal ausprobieren kannst. Gieß dir einen Tee auf und lasse diesen so lange ziehen, wie auf dem Beutel steht. Klingelt der Wecker nach der angegebenen Zeit, nimm den Teebeutel wieder aus dem heißen Wasser – als Startsignal, mit dem Lernen oder Schreiben anzufangen. Dies gibt dir noch mal

Zeit, dich zu sortieren, vielleicht kurz zu überlegen, womit du anfangen möchtest. Oder vielleicht noch schnell die wichtigsten Nachrichten oder Social-Media-Beiträge zu checken, um das Handy anschließend beiseitezulegen und nach dem Startsignal tatsächlich anzufangen.

FÜNF-SEKUNDEN-ÜBUNG

Verspürst du einen Impuls, eine Aufgabe zu erledigen, zähle von fünf an rückwärts 5-4-3-2-1 und lege dann los.

Zum Beispiel: „Ich müsste mal meinen Tisch aufräumen, 5, 4, 3, 2, 1 – los geht's!". Oder „Ich würde gerne eine E-Mail an meine Dozentin schreiben. 5, 4, 3, 2, 1 – Sehr geehrte Frau XY… !". Fertig. Kein langes Überlegen und kein lästiges Verschieben auf später. Einfach rückwärts zählen und anfangen.

Eine andere nützliche Methode, die dir helfen könnte anzufangen, heißt *Woop-Methode*: Die Anfangsbuchstaben dieser Methode stehen für: Wish (Wunsch), Outcome (Ergebnis), Obstacle (Hindernis) und Plan (P) und wurde von Dr. Gabriele Oettingen in über 20 Jahren Forschung immer weiterentwickelt.

Ich gebe dir mal ein Beispiel: Dein Wunsch (W) ist, dass du heute an deiner Hausarbeit weiterkommen möchtest. Dein gewünschtes Ergebnis (O) ist eine Seite, die du gerne schreiben möchtest. Dann fragst du dich, was ein mögliches Hindernis (O) sein könnte und was dich vom Schreiben dieser Seite abhalten könnte. Das könnte zum Beispiel sein, dass du Hunger bekommst. Überleg dir am besten gleich, wie du diesem Hindernis vorbeugen kannst. Vielleicht, indem du schon vorher etwas isst. Und als Letztes solltest du dir einen Plan (P) machen, wie du dein Ergebnis von einer Seite Hausarbeit erreichen möchtest.

2.9 Suche dir ein Thema, das dich interessiert

Aus der Forschung weiß man, dass Studierende viel weniger prokrastinieren, wenn die Aufgabe ihr Interesse weckt (Hoppe, Prokop & Rau, 2018). Versuche also ein Thema für deine Hausarbeit oder deine Abschlussarbeit zu wählen, welches dich wirklich interessiert. Ebenso motiviert es viele Studierende, in ihren Arbeiten gegenwärtige und realistische Probleme zu behandeln. Noch motivierender sind Themen mit persönlicher Relevanz. Außerdem prokrastinieren Studierende viel weniger, wenn sie wissen, dass sie das, was sie im Studium behandeln, in ihrem späteren Berufsleben nutzen können.

2.10 Mach dir einen Plan

Teilschritte spielen bei der Planung von Projekten (zum Beispiel einer Referatsvorbereitung) eine bedeutsame Rolle. Das zeigt ein klassisches psychologisches Experiment von Gollwitzer & Brandstätter (1997). Sie teilten dafür Teilnehmende in zwei Gruppen: die Planer und die Nicht-Planer. In der Gruppe der Studierenden, die für die Weihnachtsferien konkret plante, was sie in dieser Zeit erledigen wollte, gelang es schließlich zwei Dritteln, das beabsichtigte Projekt planmäßig abzuschließen. In der Gruppe ohne konkrete Planung schaffte es nur ein Viertel.

Aber warum ist es überhaupt so hilfreich zu planen? An dieser Stelle möchte ich dir gerne Beppo Straßenkehrer vorstellen, eine Figur aus Michael Endes Roman „Momo" (1973). Beppo, Momos bester Freund, weiß wie es ist, einen schwierigen Weg noch vor sich zu haben. Selbst wenn er womöglich schon Schritte getan hat.

„Jedes Mal, wenn man aufblickt, sieht man, dass es gar nicht weniger wird, was noch vor einem liegt", erzählt Beppo.

„Und man strengt sich noch mehr an, man kriegt es mit der Angst, und zum Schluss ist man ganz außer Puste und kann nicht mehr. Und die Straße liegt immer noch vor einem."

Es ist hilfreich, sich die Hausarbeit oder Abschlussarbeit nicht als unendlich langen Weg vorzustellen, sondern sie in möglichst kleinen Etappen zu denken – mit regelmäßigen Pausen dazwischen. Lassen wir dazu noch einmal Straßenkehrer Beppo zu Wort kommen, der zu Momo sagt:

„Man darf nie an die ganze Straße auf einmal denken, verstehst du? Man muss immer nur an den nächsten Schritt denken, an den nächsten Atemzug, an den nächsten Besenstrich. Und immer wieder nur an den nächsten (...). Dann macht es Freude (...). Auf einmal merkt man, dass man Schritt für Schritt die ganze Straße gemacht hat. Man hat gar nicht gemerkt wie, und man ist nicht außer Puste (...). Das ist wichtig."

Häufig führen große und unübersichtliche Projekte und Aufgaben zu Prokrastination. Kein Wunder, dass größere Schreibprojekte, wie Bachelor- oder Masterarbeiten, am ehesten aufgeschoben werden und zu Problemen führen. Liegt die Lösung etwa in einem afrikanischen Sprichwort?

„Wie isst man einen Elefanten"? Die Antwort: *„Bissen für Bissen."*

Was heißt das nun für die akademische Prokrastination? Durch Zwischenschritte und Meilensteine werden langwierige und unübersichtliche Aufgaben konkreter und beherrschbarer. Die Überforderung wird weniger und die Motivation aufrechterhalten. Denn man weiß, was noch zu tun ist.

Visualisiere also deine Zwischenschritte. Dadurch wirkt dein Arbeitsaufwand weniger bedrohlich und dein Zeitdruck nimmt ab.

TIPP
Visualisiere deine Planung.

Es gibt verschiedene Möglichkeiten, langfristige Schreibprojekte oder Klausurvorbereitungen zu planen. Ganz gleich, welchen Plan du dir machst, die Hauptsache ist, du machst überhaupt einen. Denn er hilft dir dabei, den Überblick zu behalten und zeigt dir, wo du etwa gerade stehst und was du noch alles vor dir hast. Dazu ist es hilfreich, dir Monatspläne auszudrucken, dort das Datum der Abgabe zu notieren und dann die verbleibenden Tage farblich zu markieren. Kostenlose Kalendervorlagen findest du zum Beispiel bei *kalenderpedia* (URL auf Seite 130f.). Kennzeichne auch solche Tage, an denen du schon anderweitig verplant bist, mit Nebenjob oder privaten Terminen wie Geburtstagen oder Familientreffen.

In Abbildung 3 siehst du ein Beispiel für einen Schreibplan. Dort sind exemplarisch zwei Tage dargestellt und wie du die Spalten ausfüllen könntest. Auf diese Weise kannst du die gesamte Zeit, von Beginn deiner Arbeitsphase bis zur Abgabe, vorplanen.

	Schreibzeit	**Tagesziel**	**Ziele erreicht/ nicht erreicht?**	**Kommentar**	**Arbeitszeit/ Pausen**	**Belohnung**
Do, 18.03.21	08:00–10:00	2 Seiten der Einleitung schreiben	Ja: 2 Seiten geschrieben	Ich habe mein Pensum geschafft	90 Min. Arbeitszeit 2x15 Min. Pause	Ich mache mir einen Kaffee
Fr, 19.03.21	10:00–11:00	Einleitungstext auf Rechtschreibfehler prüfen	Ja: keine Rechtschreibfehler mehr gefunden oder angezeigt worden	–	30 Min. Arbeit 30 Min. Pause	30 Min. Youtube schauen

Abbildung 3: Auszug aus einem Schreibplan, adaptiert von Th.A.

Eine andere Art der Darstellung könnte wie eine Wanderkarte oder ein Stadtplan aussehen, auf dem dein aktueller Standort eingezeichnet ist. Anders als ein Stadtplan sollte dein Plan zusätzlich zu deinem Standort auch deinen Zielort abbilden, so wie eine Schatzkarte, die du als Kind vielleicht mal bei einem Kindergeburtstag bekommen hast.

TIPP
Mach dir einen Wochenplan.

Am besten nimmst du dir einen Tag am Wochenende, vielleicht den Sonntag, um einen Plan für die kommende Woche zu erstellen. Trag dir zuerst ein, an welchen Tagen du bei deinem Nebenjob arbeiten gehen musst. Hast du keinen Nebenjob, gibt es vielleicht andere feste Termine, an denen du nichts für die Uni machen kannst. Trage erst mal alle festen Verpflichtungen ein, wie Arzttermine etc. Überlege dann, welche angenehmen Termine anstehen. Bist du vielleicht zum Abendessen mit deiner WG verabredet oder hast du einen Yoga-Kurs? Trage auch diese Termine ein. Anschaulicher wird es, wenn du mit verschiedenen Farben arbeitest und somit Freizeit von deiner Arbeitszeit abhebst.

In folgender Darstellung siehst du ein Beispiel eines solchen Wochenplans.

Montag	Dienstag	Mittwoch	Donnerstag	Freitag	Samstag	Sonntag
10–12 Uhr: Kap. 4 aus Lehrbuch zusammenfassen	*9–11 Uhr: Recherche Lerntheorien*	*9 Uhr: Seminar Vortrag halten*	*10–12 Uhr: Skript verstehen und wiedergeben können*	*8 Uhr: Zahnarzttermin*	*frei*	*frei*
12–14 Uhr: Pause in der Mensa	*11–12 Uhr: Treffen mit Max zum Café*	*12–18 Uhr: Job*	*12–13 Uhr: Pause in der Mensa*	*10–12 Uhr: Fragen zu Lerntheorie beantworten können*		
14–16 Uhr: Kap. 4 wiederholen	*15–17 Uhr: Bib*		*14–18 Uhr: Bib*			
17–19 Uhr: Badminton	*20–22 Uhr: WG-Essen*			*Ab 18 Uhr: Restaurantbesuch mit Freund*innen*		*Ab 20 Uhr: Geburtstagsfeier von Petra*

Abbildung 4: Wochenplan

TIPP
Plane deinen Arbeitstag

Neben einem übergeordneten Plan, hilft oftmals auch die konkrete Planung einzelner Arbeitstage beim Dranbleiben. Überlege dir vor Arbeitsbeginn, was du den Tag über erledigen möchtest, welche Termine anstehen und wie viel Zeit dir jeweils zur Verfügung steht. Eine Planungshilfe kann dabei die sogenannte „ALPEN-Methode" sein. Das Akronym ALPEN steht dabei für die Anfangsbuchstaben des jeweiligen Arbeitsschrittes:

A= Aufgaben notieren
Überlege dir als erstes, was du heute alles erledigen willst. Du könntest alle deine Aufgaben in Form einer To-do-Liste notieren. Später kannst du abhaken, was du erledigt hast.

L= Länge einschätzen
Stelle dir im zweiten Schritt die Frage, wie lange du realistisch für die einzelnen Aufgaben brauchen wirst. Wie viel Zeit möchtest du dir für jede einzelne Aufgabe nehmen? Aus Erfahrung: Wie viel hast du in der Vergangenheit in jener Zeit geschafft? Gibt es Fristen oder Deadlines, die zu beachten sind?

P= Pufferzeiten einplanen
Erfahrungsgemäß ist es sinnvoll, maximal 60 Prozent des Tages zu verplanen. Diese Zahl ist jedoch ein Richtwert, der stark variieren kann und an den du dich nicht festklammern solltest. Was ich sagen möchte: Versuche deinen Tag nicht zu vollzupacken. Die eingeplante Pufferzeit hilft dir, unvorhergesehene Störungen vorwegzunehmen und dich am Ende des Tages zufriedener zu sehen, weil du geschafft hast, was du dir vorgenommen hattest.

E= Entscheidungen fällen
Bevor du loslegst und dich deinen To-dos widmest, entscheide zunächst, welches du zuerst bearbeitest. Es hat sich als

hilfreich erwiesen, mit den schwierigsten oder umfangreichsten Aufgaben zu beginnen, weil du am Anfang noch am konzentriertesten bist.

N= Nachkontrolle
Nachdem du deine Arbeitseinheit oder deine Aufgabe abgeschlossen hast, solltest du dir kurz Zeit nehmen, um zu reflektieren: Was ist mir gut gelungen? Was kann ich bei der nächsten Arbeitseinheit besser machen?

TIPP
Plane Kurskorrekturen ein.

Bei einem längeren Schreibprojekt oder der Klausurvorbereitung kann es auch mal Tage geben, an denen du unproduktiv, unkonzentriert, unmotiviert oder dergleichen bist. Genauso wird es sich kaum vermeiden lassen, dass Unvorhergesehenes dazwischenkommt. So kann es passieren, dass du krank wirst oder du für jemand anderen da sein musst, dass dein PC abstürzt usw.

Plan dir also besser ein paar Tage Puffer ein, indem du dir deine Deadline selbst früher setzt oder dir freie Vormittage beibehältst. Vor allem rate ich dir, bei Rückschlägen nachsichtig mit dir umzugehen. Besonders bei längeren Schreibprojekten gehören Rückschläge und Kurskorrekturen dazu.

2.11 Priorisiere deine Aufgaben

Um deine Aufgaben zeitlich zu priorisieren, wirf mal einen Blick auf das „Eisenhower-Prinzip".

Bei dieser Methode werden Aufgaben in A, B, C und D unterteilt und nur die Aufgaben sofort erledigt, die wichtig und dringend (A) sind.

	Dringend	Nicht Dringend
Wichtig	A	B
Nicht wichtig	C	D

Abbildung 5: Eisenhower-Matrix

Aufgaben der Sorte A sind solche, die für dich persönlich höchste Priorität haben. Daher solltest du sie sofort erledigen und sie somit von deiner To-do-Liste streichen. Sogenannte Muss-Aufgaben haben häufig auch einen festen Termin. Das könnte die Anmeldung zu einer Prüfung sein, bei der die Anmeldefrist heute abläuft.

B-Aufgaben, jene die wichtig, aber nicht so dringend sind, bezeichnet man auch als Kann-Aufgaben. Das sind häufig To-dos, die keinen festen Termin haben, also irgendwann getan werden können. Das könnte sein, den Müll rauszubringen oder deinen Schreibtisch aufzuräumen. Bei dieser Art von Aufgaben ist die Verlockung, sie aufzuschieben wohl am größten.

Aufgaben, die für dich persönlich nicht wichtig erscheinen, aber dringend (C) sind, kann man nach dem Eisenhower-Prinzip an jemand anderen delegieren. Das könnte das Müllrausbringen sein. Du könntest deine/n Mitbewohner*in bitten, das für dich zu erledigen. C-Aufgaben könnten aber auch Arbeitsteilungen bei gemeinsamen Hausarbeiten sein. Du kannst Teile, die du als nicht so wichtig erachtest, an deine Kommilitonen abgeben und stattdessen lieber Aufgaben übernehmen, die für dich persönlich wichtiger erscheinen.

Zum Schluss gibt es noch die sogenannten „Muss-nicht-Aufgaben", also solche, die für dich weder wichtig noch dringend (D) sind. Damit sind überflüssige Aufgaben gemeint, mit denen du deine Zeit nicht verschwenden solltest.

2.12 Nutze die 50-Prozent-Regel

Viele Aufschiebende haben das Gefühl, dass sie, sobald sie das Problem für ihr Aufschieben erkannt haben, aus Zeitdruck sofort Vollgas geben müssen. Wird jedoch von null auf hundert durchgestartet, ist man schnell überfordert und frustriert, wenn man nicht alles genau so schafft, wie man es sich vorgenommen hat. Daraus folgt der Rückfall in alte Verhaltensmuster und wohlmöglich gibt man auf – nach dem Motto: „Ich habe es versucht, aber es hat nicht funktioniert. Jetzt brauch ich es ja gar nicht noch mal zu probieren."

Falls du diesen Satz schon mal gesagt oder gedacht hast, hilft dir vielleicht die 50-Prozent-Regel, oder einprägsamer: die „Cindy-Crawford-Methode". Ich weiß ehrlich gesagt nicht mehr, wo ich zum ersten Mal etwas über diese Methode gelesen habe, aber ich versuche sie hier mal sinngemäß wiederzugeben. Das ehemalige US-Super-Model Cindy Crawford (*1966) wurde in einem Interview mal gefragt, wie sie es schaffe, immer so gut und entspannt auszusehen. Auf die Frage soll sie geantwortet haben, dass sie eine Assistentin habe, die ihre Termine koordiniere. Cindy streiche, ohne weiter nachzudenken, 50 Prozent ihrer Termine sofort aus dem Kalender. So bliebe genug Zeit für sich und sie überfordere sich nicht.

Nun wirst du vermutlich nicht den Luxus eines Super-Models haben, wahllos die Hälfte deiner Termine zu ignorieren. Aber der Gedanke dahinter ist vielleicht klar geworden. Du machst dir, wie oben erklärt, einen Plan und überlegst dir schließlich, ob du vielleicht 50 Prozent oder auch weniger davon wieder streichen kannst. Genug zu tun haben wirst du dann sicherlich immer noch.

Planst du, in einer Stunde 30 Seiten zu lesen, beginne lieber mit 15 Seiten. Sind unsere Zielsetzungen nämlich unrealistisch, tendieren wir dazu, das Anfangen hinauszuzögern. Die 50-Prozent-Regel basiert auf der Beobachtung, dass Menschen für viele Tätigkeiten doppelt so lange brauchen, wie erwartet. Wenn du das bei der Planung berücksichtigst, gelingt es dir eher, deinen Plan einzuhalten und deine Ziele zu erreichen.

2.13 Setz dir Ziele

Um mit einer Aufgabe anzufangen, braucht es ein Motiv, also ein klares Ziel. Aber nicht nur das, sondern:

1. Ein großes Ziel: Das kann zum Beispiel die Abgabe deiner Masterarbeit sein und damit dein Studienabschluss. Daran anschließen würde dein großes Ziel: in deinem Traumberuf zu arbeiten.
2. Ein kleines Ziel: Überlege dir, was eine erreichbare Aufgabe sein könnte, damit du heute entspannt in den Feierabend gehen kannst.
3. Selbstvertrauen: Neben festgelegten Zielen ist Vertrauen in die eigenen Fähigkeiten wichtig. Vertrau also darauf, deine Ziele wirklich erreichen zu können.
4. Direktes Feedback: Siehst du den Fortschritt deines Tuns, hast du konstant kleine Erfolgserlebnisse.

Dazu nun ein Beispiel: Hast du dir schon mal vorgenommen, mehr Sport zu machen? Vermutlich wirst du niemals damit anfangen, wenn in deinem Ziel „irgendwann“ vorkommt. Überleg dir stattdessen ganz genau, wann, wie lange, mit wem und vor allem wo und welchen Sport du machen möchtest.

ÜBUNG
Probiere es aus.
Plan dir für morgen früh nach dem Frühstück eine halbe Stunde ein (zum Beispiel von 8:30–9 Uhr), in der du eine Runde um den Block joggen oder spazieren gehst.

Diese konkrete Vorplanung erhöht die Wahrscheinlichkeit, dass du dich eher fürs Joggen entscheidest, wenn du morgen früh vor der Wahl stehst, rauszugehen oder den ersten Kaffee im Bett zu trinken. Wenn du dir dann noch einen Erinnerungswecker stellst, dir deine Laufschuhe bereit legst, deine Laufstrecke vorher planst und dich in der Zeit bis 8:30 Uhr bereits innerlich auf dein Vorhaben einstellst, kann es eigentlich kaum noch Ausreden geben.

Das Schöne an diesem Vorgehen ist obendrein, dass du um 9:00 Uhr überprüfen kannst, wie dein Vorhaben geklappt hat. Bist du um 9:00 Uhr verschwitzt und voller Glücksgefühle, weil du schon eine Runde joggen warst? Oder liegst du noch im Bett? Falls du noch im Bett liegen solltest, kann es aber auch dafür gute Gründe geben.

Probiere dieses Vorgehen doch mal aus und mach deine Erfahrungen damit. Danach kannst du die beschriebenen Planungsschritte auf deine Uni-Aufgaben anwenden.

Um zu vermeiden, dass du aufschiebst, ist es notwendig, deine Ziele so detailliert wie möglich zu formulieren. Dabei kannst du versuchen, deine Ziele SMART (Drucker, 1977) zu formulieren. Denn umso konkreter deine Ziele formuliert sind, desto leichter lassen sich Erfolge von dir messen. Und was gibt es Schöneres, als ein Ziel erreicht zu haben?

SMARTE-ZIELE

„Ich möchte im Sommersemester meine Hausarbeit im Seminar *Neue Medien* eine Woche vor dem Abgabetermin fertig haben, um gelassener zu sein und genug Zeit für eine eventuelle Überarbeitung zu haben."

S= Spezifisch: Was genau möchte ich erreichen?

Bsp: Ich möchte die Hausarbeit in *Neue Medien* abgabefertig haben.

M= Messbar: Wie kann ich es quantifizieren?

Bsp: Der Umfang der Hausarbeit ist mir bekannt. Ich bin fertig, wenn die geforderte Seitenzahl erreicht ist.

A= Attraktiv: Ist es mir wichtig?

Bsp: Ja, es ist ein Modul, was ich für meinen Bachelor-Abschluss bestehen muss, und mich interessiert auch das Thema.

R= Realistisch: Kann ich mein Ziel erreichen?

Bsp: Ja, das Semester hat gerade erst begonnen und ich habe noch genügend Zeit für die Hausarbeit.

T= Terminiert: Wann will ich mein Ziel erreichen?

Bsp: Ich möchte bis eine Woche vor Abgabetermin fertig sein, um Pufferzeit zu haben.

Nachdem du dir Ziele gesetzt hast, solltest du überlegen, wie realistisch sie sind. Plane idealerweise schon am Abend, was du dir für den nächsten Tag vornehmen möchtest. Lass dir dafür nicht allzu viel Zeit. Oft reichen fünf bis zehn Minuten. Zu viel Zeit zum Planen aufzuwenden, kann wiederum bedeuten, zu prokrastinieren.

Überleg dir, was ein erreichbares Ziel für den nächsten Tag sein könnte. Das kann heißen, wie viele Seiten du geschrieben oder gelesen haben möchtest.

Vielen Studierenden, mit denen ich an Zielen arbeite, fällt es schwer, realistisch zu planen, weil sie häufig eine ungenaue

Vorstellung davon haben, was sie an einem Tag oder einer geplanten Arbeitseinheit schaffen können. Genau das gilt es daher herauszufinden. Realistischer planen übst du, indem du dir ein messbares Ziel setzt, wie die Seitenzahl, die du geschrieben haben möchtest. Und am Ende des Tages kannst du dieses Ziel überprüfen. Hast du dir zum Beispiel vorgenommen vier Seiten zu schreiben, hast aber nur zwei Seiten geschafft, weißt du, dass du dein Ziel um 50 Prozent zu hoch angesetzt hast. Jetzt kannst du dich außerdem fragen, woran es lag, dass du deine Zielvorgabe verfehlt hast.

TIPP
Leg Deadlines fest.

Plane deinen Feierabend am jeweiligen Tag! Oder verabrede dich um 18 Uhr mit einer/m Freund*in, beende deinen Schreibprozess bis dahin und kalkuliere evtl. noch Zeit ein, um dich fertig zu machen. Oder vereinbare am Mittwoch um 14 Uhr verbindlich ein Zwischengespräch für die Abschlussarbeit mit deiner/m Betreuer*in. Mit diesem selbst erzeugten Zeitdruck schaffst du es möglicherweise eher, deine Aufgabe anzugehen.

TIPP
Lege Meilensteine fest.

Überleg dir kurzfristige, erreichbare Etappen-Ziele für dich. Bei mir waren es beim Schreiben dieses Ratgebers die einzelnen Kapitel, die ich mir als Meilensteine vorgenommen hatte. Eine Form des Meilensteins kann ebenso eine bestimmte Seitenzahl sein. Wenn du beispielsweise vorhast, eine Bachelorarbeit von 60 Seiten zu schreiben, könntest du dir als erste Etappe für die erste Woche vornehmen, Literatur zu recherchieren und zu lesen. Für die weiteren Etappen könntest du das Schreiben von zehn Seiten pro Woche einplanen. Mit dieser Einteilung hättest du in sieben Wochen deine Bachelorarbeit fertig. Wichtig dabei ist, dass du dir einen Abgabetermin festlegst, obschon dein/e Betreuer*in keine Frist gesetzt hat.

2.14 Bau dein Selbstvertrauen (wieder) auf

Hat dein Selbstvertrauen durch das ständige Aufschieben in der Vergangenheit gelitten, fang an, wieder kleine Dinge zu erledigen, die du auf jeden Fall schaffst. Ein Anfang könnte sein, dass du ein Buch aus der Bibliothek ausleihst. Mit jedem kleinen Erfolgserlebnis wird deine Motivation wachsen, weitere Ziele in Angriff zu nehmen. Du wirst mit der Zeit mehr und mehr Selbstvertrauen bekommen und dich auch an schwierigere Aufgaben heranwagen. Etwas herausfordernder könnte dann schon sein, deiner/m Betreuer*in eine E-Mail zu schreiben, in der du die Wiederaufnahme des Schreibens ankündigst. Zusätzlich schaffst du dir damit selbst eine Verbindlichkeit, in Zukunft auch wirklich etwas an deinem Text zu arbeiten.

Eine weitere Möglichkeit, wieder mehr Selbstvertrauen und Glauben an deine Leistungsfähigkeit zu bekommen, sind sogenannte „Lieblingsprüfungsaufgaben" (Nolle, 2021). Überlege dir, was du in letzter Zeit gerne gelernt und auch gut verstanden hast. Nun formuliere dir selbst eine Prüfungsfrage, bei der du dein gerne und gut gelerntes Wissen für die Beantwortung anwenden kannst. Diese „Lieblingsprüfungsaufgaben" solltest du dir dann jede Woche notieren und somit kannst du deinen Lernzuwachs verfolgen und dein Selbstvertrauen wird stetig mitwachsen.

2.15 Mach dir die Kosten deiner Prokrastination bewusst

Jedes Jahr kostet Prokrastination viel Geld – überall auf der Welt. Allein in den USA kostet Prokrastination am Arbeitsplatz über 1,2 Milliarden US-Dollar (Steel, 2012). Daneben wirkt sich Prokrastination auch auf das Thema Sparen aus. Wer zu spät oder überhaupt nicht an die finanzielle Zukunftsvorsorge denkt, dem könnte irgendwann Altersarmut drohen. Glaubt man den Prognosen von Finanzexperten, reicht die gesetzliche Rentenversicherung heute wohl nicht mehr aus, um ein finanziell sorgenfreies Leben im Ruhestand zu gewährleisten (Union Investment, 2017).

Der ökonomische Aspekt und die Kosten für die Wirtschaft sollen hier gar nicht im Vordergrund stehen. Mache dir viel eher bewusst, dass jeder Tag, an dem du prokrastinierst, dir ja auch Nachteile bereitet. So verzichten viele Studierende darauf, sich mit Freund*innen zu treffen und damit kann Prokrastination obendrein Freundschaften kosten. Hoch sind auch die Kosten für jedes Semester, das du länger studieren musst, weil du durch deine Prokrastination die Hausarbeit nicht abgegeben hast. Aufgeschobene Semester bedeuten weitere Semesterbeiträge. Oder du beginnst zu spät mit der Prüfungsvorbereitung, fällst durch Klausuren und wirst irgendwann womöglich zwangsexmatrikuliert. Ich möchte dich nicht beunruhigen, aber das ist nun mal die Realität für manche Studierende, die schon sehr lange prokrastinieren. Doch das sollte dich (noch) nicht in Panik versetzen, sondern lediglich dazu motivieren, rechtzeitig mit dem Arbeiten zu beginnen.

Denn du hast es in der Hand. Du bestimmst die Kosten deines Aufschiebeverhaltens. Du kannst selbst etwas ändern, indem du die hier vorgestellten Tipps ausprobierst und es gar nicht erst zu negativen Konsequenzen kommen lässt.

Vermutlich sind die emotionalen Kosten noch höher, weil dein schlechtes Gewissen mit jedem Aufschieben größer wird und du immer mehr unter deiner Prokrastination leidest. Indem du dir die Kosten deiner Prokrastination bewusst machst, findest du im besten Fall einen Anreiz, schnellstmöglich etwas an deinem Aufschiebeverhalten zu ändern. Dieser Ratgeber will dir dabei helfen.

ÜBUNG

Lege dir eine Tabelle an, in welcher du auf der linken Seite die negativen Konsequenzen deiner Prokrastination einträgst und auf der rechten Seite notierst, wie du dich fühlen wirst, wenn du deine Aufgabe erledigt hast.

Wenn ich meine Aufgabe nicht sofort erledige ...	Indem ich meine Aufgabe erledige ...
... geht mir die Aufgabe die ganze Zeit im Kopf herum.	... werde ich einen freien Kopf für andere Aufgaben haben.
... kann ich nicht abschalten.	... kann ich mich entspannen.
... bin ich gestresst.	... beuge ich unnötigem Stress vor.
... fühle ich mich schuldig.	... kann ich stolz auf mich und meine Leistung sein.
...	...

Erkennst du den Nutzen der zu erledigenden Aufgaben für dich, kannst du deine Prokrastination überwinden und mit klarem Kopf an die bevorstehenden Aufgaben herangehen.

2.16 Visualisiere deinen Erfolg

Stell dir konkret vor, wie deine fertig geschriebene Arbeit am Ende aussehen wird. Dafür habe ich das Cover dieses Buches zu Beginn meines Schreibprozesses selbst mit einem Grafikprogramm gestaltet. Dieses Cover habe ich dann als erste Seite in mein Word-Dokument kopiert, ohne überhaupt zu wissen, wie der Titel am Ende genau lauten wird. Aber wenn ich beim Schreiben mein Dokument öffne, bekomme ich jedes Mal das Gefühl, dass dieses Buch bereits druckreif ist, obwohl es das Dokument, da ich diese Zeilen gerade schreibe, noch längst nicht ist. Die Tatsache, dass ich mir das fertige Buch visualisiere, macht die Aufgabe für mich greifbarer und rückt sie in eine erreichbare Entfernung.

Eine andere Idee könnte sein, dir eine feierliche Zeugnisverleihung vorzustellen. Du bist, wie im Film, in einen schwarzen Talar gekleidet, du wirfst den dazugehörigen schwarzen Hut in die Luft und deine Familie oder Freund*innen machen Fotos von dir.

Genauso kannst du dir vorstellen, wie du deine Prüfungen und Klausuren erfolgreich bestehst. Mal dir aus, wie du die Treppen aus dem Hörsaal nach der letzten Prüfung runterkommst. Dort warten bereits Freund*innen auf dich und gratulieren dir zu deiner erfolgreichen Prüfung. Sie bringen dir Blumen mit und ihr stoßt auf deinen Erfolg an.

2.17 Mut zur Lücke

Du kannst nicht alle Quellen berücksichtigen und du kannst schon gar nicht alle Bücher zu deinem Thema gelesen haben. Irgendwann musst du deine Recherchephase beenden und einfach anfangen. Ganz egal, wie unvorbereitet du dich fühlen magst.

CHECKLISTE

Bevor du also jeweils mit der Arbeit anfängst, gehe folgende Checkliste durch:

- Ich habe gut geschlafen und bin erholt. ☐
- Ich habe genug getrunken. ☐
- Ich bin satt. ☐
- Ich bin fokussiert. ☐
- Ich bin entspannt. ☐
- Ich bin gut gelaunt. ☐
- Es ist leise und nichts lenkt mich ab. ☐
- Ich habe alle nötigen Arbeitsmaterialien. ☐
- Ich habe gute Arbeitsbedingungen (genug Platz, Internet, etc.). ☐
- Die Wahrscheinlichkeit, unterbrochen zu werden, ist gering. ☐
- Es gibt frische Luft. ☐
- Mir ist klar, was ich tun muss. ☐
- Ich habe keine Angst vor den heutigen Aufgaben. ☐
- Ich bin zuversichtlich, dass ich meine Aufgaben schaffe. ☐
- Ich habe meine Aufgaben priorisiert. ☐

(adaptiert aus Lenarz & Glimbovski (2021): Ein gutes Projekt.)

Du musst nicht jeden Punkt von dieser Liste abhaken können, um anzufangen. Aber wenn du nur wenige Punkte abhaken kannst, solltest du dir überlegen, wie du noch gut für dich sorgen könntest, bevor du mit dem Arbeiten anfängst.

3 Dranbleiben

Nachdem du geschafft es hast, mit dem Arbeiten anzufangen, besteht die nächste Herausforderung darin, dranzubleiben. Ablenkungen lauern praktisch überall. Im Kühlschrank, am Handy oder draußen vor der Tür. Die Kunst ist es, diesen Versuchungen zu widerstehen, um produktiv zu bleiben. Wie dir das gelingen kann und welche Tipps dir dabei helfen können, erfährst du auf den folgenden Seiten.

3.1 Sorge für ein ablenkungsfreies Umfeld

Ich höre häufig von Studierenden, dass sie nicht produktiv arbeiten können, weil sie abgelenkt seien. Man könnte glauben, dass man sich einfach einen ruhigeren Ort zum Arbeiten suchen müsste und schon würde weniger prokrastiniert. Klingt einfach, ist jedoch schwierig in der Umsetzung, denn ungünstige Rahmenbedingungen begünstigen das Prokrastinieren. Umgekehrt heißt das aber auch: Wenn die Arbeitsbedingungen gut sind, ist man vermutlich weniger in Versuchung, sich ablenken zu lassen.

TIPP
Räum deinen Schreibtisch auf!

Diesen Satz hast du vielleicht schon von deinen Eltern zur Genüge gehört und er wird vermutlich eher eine innere Abwehrreaktion bei dir auslösen, als Lust, sofort deinen Schreibtisch aufzuräumen.

Vielleicht räumst du deinen Schreibtisch aber lieber auf, wenn du weißt, dass die japanische Bestseller-Autorin Marie Kondo genau das empfiehlt (Zeitmagazin, 2020). Sie ist der Überzeugung, dass man an einem aufgeräumten Schreibtisch viel produktiver arbeiten kann, als wenn dort ungenutzte Dinge rumliegen. Das hat sie in einem Interview verraten, das ich mit großem Interesse gelesen habe. Seitdem versuche ich ihren Rat zu befolgen und setze mich für das Schreiben dieses Buches an meinen aufgeräumten Schreibtisch. Da er ziemlich klein ist, weil es ein alter Nähtisch ist, können dort gar nicht viele unnötige Dinge rumliegen. Mein Laptop, ein Notizbuch, ein Stift, manchmal eine kleine Vase mit einer Blume oder eine Kerze.

Es mag verlockend sein, auf dem Balkon oder im Wohnzimmer zu arbeiten. Nur sind dort Ablenkungen und damit auch ständiges Aufschieben programmiert. Gestalte daher besser dein Zimmer so um, dass du dort einen Arbeitsplatz hast, an dem du dich wohlfühlst. Sorge für einen aufgeräumten oder sogar leeren Schreibtisch, auf dem wirklich nur das Nötigste steht – ganz so wie in der Bibliothek, in der du stets einen leeren Arbeitsplatz vorfindest und ihn am Ende des Tages genauso wieder verlässt.

Im Ratgeber *Stress bewältigen – entspannt studieren* geben die beiden Diplom-Psychologinnen Edina Causevic und Carola Endemann weitere Tipps für ein ablenkungsfreies Lernen. Dort findest du auch folgende Checkliste:

ARBEITSPLATZCHECKLISTE

Gehe folgende Liste durch und überlege, welche dieser Voraussetzungen bei dir erfüllt sind und welche (noch) nicht.

- fester Arbeitsplatz ☐
- Tisch groß genug ☐
- geeigneter Stuhl ☐
- gutes Licht ☐
- Stifte + Papier greifbar ☐
- Bücher greifbar ☐
- Pinnwand oder Ähnliches vorhanden ☐
- Kalender und/oder Wochenplan vorhanden ☐
- nur das auf dem Tisch, was ich zum Arbeiten brauche ☐
- gemütliche Atmosphäre ☐
- ungestört arbeiten möglich ☐

3.2 Wechsle deinen Arbeitsort

Fällt es dir schwer, an deinem aktuellen Arbeitsort zu lernen oder zu schreiben, solltest du versuchen, deinen Arbeitsort zwischendurch zu wechseln. Du wirst feststellen, dass ein anderer Ort Wunder bewirken kann. Oder zumindest bringt eine neue Arbeitsatmosphäre ein neues Gefühl. Hast du bisher am Schreibtisch in deinem WG-Zimmer gearbeitet und kommst einfach nicht weiter, verändere etwas. Machst du immer wieder das Gleiche, wirst du auch immer das gleiche Ergebnis bekommen: Du prokrastinierst weiter. Versuch doch stattdessen mal, in der Bibliothek zu arbeiten und achte darauf, wie sich das auf deine Motivation auswirkt.

Überlege dir zudem, ob du zum konzentrierten Arbeiten Ruhe brauchst oder ob du sogar mit einer Geräuschkulisse im Hintergrund effektiver arbeitest. Und passe deinen Arbeitsort jeweils an die unterschiedlichen Phasen deines Schreibprozesses an. So könntest du für kreative Teile ins Café gehen und für komplizierte Passagen in die Bibliothek. Zu Hause könntest du formatieren, weil du dort einen größeren Bildschirm hast.

Es gibt nicht den einen Ort, der für alle am besten passt. Wenn du feststeckst und nicht mehr aus dem Prokrastinieren herauskommst, kann es sich durchaus lohnen, den Arbeitsort zu wechseln.

3.3 Arbeite (möglichst) offline

Laut einer repräsentativen Studie nutzten die Befragten durchschnittlich 2,1 Stunden pro Tag ihr Handy (Telefónica, 2019). Bei den 18- bis 29-Jährigen waren 25 Prozent der Befragten sogar länger als vier Stunden täglich online. Das ist ganz schön viel Zeit, die wir da am Handy verbringen – oder?

Jede kleine Benachrichtigung auf dem Bildschirm bringt dich potenziell aus dem Konzept. Wenn du dein Smartphone in die Hand nimmst, mach dir bewusst, dass es selten beim Lesen der einen Textnachricht bleibt, sondern gerne ausufert, in Social Media, dem Lesen von Nachrichten aus aller Welt usw. – und wie im Flug ist eine halbe Stunde vergangen.

Forschende aus den USA fanden heraus: Je einfacher das Smartphone greifbar war, desto stärker nahmen die kognitiven Leistungen ihrer Studienteilnehmenden ab (Ward, Duke, Gneezy & Bos, 2017). Und dafür mussten die Teilnehmenden ihr Smartphone nicht einmal benutzen. Allein der dringende Wunsch, auf das Handy zu schauen, genügte, um ihre Denkleistung zu reduzieren. Oder, wie die Studienleiter sagen: „Das Smartphone saugt sozusagen unser Gehirn leer."

Am besten: Das Handy außerhalb des Zimmers aufbewahren. Je weiter es von uns entfernt ist, desto weniger geht unser Gehirn davon aus, dass es verfügbar ist. Wir müssen entsprechend nicht in Alarmbereitschaft sein. Wenn das Smartphone dagegen auf dem Tisch liegt, ist man ständig versucht, sich den kurzen Dopaminstoß abzuholen, den eine neue Nachricht auf dem Display erzeugt. Mit der Folge, dass unsere Kapazitäten im Arbeitsgedächtnis diesen Impuls unterdrücken müssen und unser Gehirn die ganze Zeit damit beschäftigt ist zu verhindern, dass wir aufs Display schauen.

Noch besser: Schalte dein Handy aus oder gehe in den Flugmodus, während du am Schreibtisch sitzt. Schaue nur in den Pausen aufs Display oder sperre dein Handy beim Lernen in der Bibliothek im Schließfach ein.

Wenn du ein Android-Handy hast, kannst du den *Konzentrationsmodus* nutzen. Öffne dazu die *Digital Wellbeing*-App und markiere darin alle Anwendungen, von denen du dich häufig ablenken lässt und aktiviere schließlich den Modus. Nun lassen sich die von dir als „Zeitfresser" markierten Apps nicht mehr öffnen und dir wird angezeigt, wie lange du es geschafft hast, im Konzentrationsmodus zu bleiben. Es wird sicher weitere Apps geben, die etwas Ähnliches machen, die du im Appstore findest. Eine App, die mir mehrere Studierende empfohlen hatten, war *Forest:* Mit dieser App kannst du, während du nicht aufs Handy schaust, deine virtuellen Bäume wachsen lassen und wirst dafür belohnt, je länger du dich konzentrierst.

Unser Gehirn braucht Zeiten der Ruhe und Entspannung, um neu Gelerntes zu verarbeiten und neue Verknüpfungen im Gehirn zu erstellen. Schalte also dein Handy vor dem Schlafengehen in den Flugmodus oder am besten komplett aus, damit dein Kopf „runterkommen kann" und du besser schlafen kannst. So bist du am nächsten Tag voller Energie, um dich auf deine Hausarbeit o.ä. zu konzentrieren.

ÜBUNG

Beantworte folgende Fragen und reflektiere deine Handynutzung. Schreibe die Antworten auf ein Blatt Papier.

1. Wie viel Zeit verbringst du pro Tag am Handy?
2. Wie viel Zeit findest du (noch) okay und sinnvoll?
3. Wie viel Zeit ist unnötig? Wie viel davon ist Prokrastination?
4. Wie könntest du deine (unnötige) Handynutzung einschränken?
5. Wie könntest du deine Zeit produktiver nutzen?
6. Nimm dir pro Tag __ Stunde(n) handyfreie Zeit vor, in der du dir vornimmst, Folgendes zu tun:

   ____

Ähnlich wie beim Handy verhält es sich mit dem Laptop. Versuche, deinen Internetzugang komplett auszuschalten, wenn du ihn gerade nicht brauchst. Dadurch kommst du erst gar nicht in die Versuchung, noch etwas nachzuschauen. Schalte auch dein Mailprogramm aus, damit nicht automatisch E-Mails reinkommen. Jede eintrudelnde Nachricht entzieht dir Konzentration und erhöht deine Prokrastination. Lege stattdessen Zeiten fest, zu denen du deine Mails checkst und solche, sie zu beantworten.

ABSCHALTEN
Ein Student aus meiner Beratungspraxis hatte eine radikale Lösung gewählt, um nicht mehr zu prokrastinieren. Er erzählte mir in einem unserer Gespräche, dass er die Grafikkarte aus seinem PC ausgebaut und sie seinem Vater gegeben hatte. Damit konnte er fortan keine Spiele mehr am PC zocken. So war er gezwungen, seine Hausarbeit zu schreiben, weil ihm die Ablenkung fehlte und er gar keine Möglichkeit mehr hatte zu zocken.

3.4 Stell dir einen Timer

Für diesen Abschnitt stelle ich mir selbst einen Timer auf 25 Minuten, um die *Pomodoro-Methode* unmittelbar auszuprobieren. Der Name dieser Methode geht auf eine Küchenuhr in Form einer Tomate zurück, die der Erfinder für seine ersten Versuche nutzte. Der *Pomodoro-Timer* ist also nichts anderes als eine Eieruhr, die nach diesen 25 Minuten zur Pause klingelt. Du kannst die Zeit variieren, sollte sie dir zu lang oder zu kurz sein. Aber vielleicht fängst du mal mit 25 Minuten an und wirst merken, wie schnell die Zeit vergeht.

Bei mir klingelt gerade mein *Pomodoro-Timer* und ich „muss“ eine fünfminütige Pause machen, obwohl ich durchaus weitermachen könnte. Möglicherweise wird es dir ähnlich wie mir gehen, wenn du deine ersten Erfahrungen mit der *Pomodoro-Technik* machst. Dir wird es anfangs vermutlich schwerfallen, auf diese Weise Pause zu machen. Versuch es trotzdem. Bevor du in die Pause gehst, notiere dir aber noch, woran du nach der Pause weiterarbeiten möchtest.

Vielleicht nutzt du gerade ebenso die Gelegenheit, eine kurze Lese-Pause zu machen und schaust mal auf die Uhr, wie lange du für den letzten Abschnitt gebraucht hast und wie lange du insgesamt schon in diesem Ratgeber liest. Wie konzentriert bist du noch? Bist du noch konzentriert genug, um weiterzulesen oder möchtest du dir lieber eine andere Zeit zum Weiterlesen vornehmen?

3.5 Protokolliere dein Arbeitstempo

Fällt es dir schwer, einzuschätzen, wie lange du für eine Aufgabe brauchst? Dann wähle eine unangenehme Tätigkeit, die du schon eine Weile aufschiebst. Notiere, wann du angefangen, wann du eine Pause gemacht und wann du aufgehört hast.

Wie viel Zeit hast du mit abschweifenden Gedanken oder Ablenkungen verbracht?

So lässt sich feststellen, wovon du dich ablenken lässt. Ist das zum Beispiel Hunger, kannst du zukünftig vorsorgen und vorher etwas essen.

Wie lange hast du tatsächlich effektiv gearbeitet?

Je konkreter du über dein Arbeitsverhalten und dein Arbeitstempo Bescheid weißt, desto leichter lässt es sich ändern.

Da du nun dein Arbeitstempo kennst, kannst du damit herumexperimentieren. Gehe doch mal deine Schreibarbeit spielerisch an. Spiele gegen dich selbst. Wie viele Wörter kannst du in 20 Minuten schreiben? Dabei kannst eigentlich nur du gewinnen, letztlich an Erfahrung.

Ebenso ist es hilfreich aufzuschreiben, wie viele Seiten du in einer Arbeitseinheit gelesen oder geschrieben hast. Oder wie viele Zeichen du während einer Einheit geschafft hast. Bei mir kamen immer mehr Zeichen dazu, je mehr sich mein Schreibprozesses dem Ende näherte. Indem ich mir nach jeder Arbeitsphase die erreichte Zeichenzahl notierte, sah ich mich meinem Zeichenziel immer näher kommen.

3.6 Verknappe deine Arbeitszeit

Eine bewährte Methode in den Workshops der Prokrastinationsambulanz der Universität Münster ist das Reduzieren der *erlaubten* Arbeitszeit. Damit gewinnt das Schreiben wieder an Attraktivität. Bei dieser Methode soll man nur zweimal 20 Minuten am Tag zu einer bestimmten Zeit an seinem Text arbeiten. Damit wird die Logik des Aufschiebens umgekehrt: Entfällt die Möglichkeit, auf später am Tag aufzuschieben, muss man in der vorgegebenen Zeit eben produktiv arbeiten. Nach jeder erfolgreichen Arbeitseinheit kann man sich mit dieser Methode weitere Zeit dazu *verdienen*.

ÜBUNG

Probiere es aus.

Plane dir zwei genau definierte Zeitfenster von 20 Minuten ein und verbiete dir, außerhalb dieser Zeit an deinem Schreibprojekt zu arbeiten. Wenn du es schaffst, darfst du am nächsten Tag zehn Minuten länger daran arbeiten.

Wenn du mehr über diese Methode nachlesen möchtest, findest du eine ausführliche Beschreibung bei Höcker et al. (2021).

3.7 Konzentriere dich auf *eine* Aufgabe

Multitasking funktioniert nicht. Unser Gehirn kann sich nicht auf mehrere Dinge gleichzeitig konzentrieren. Akzeptiere diesen Umstand. Wir können nicht auf Nachrichten antworten, während wir uns mit jemandem unterhalten. Entweder schleichen sich Fehler in die Nachricht ein oder dein/e Gesprächspartner*in merkt anhand deiner Antworten, dass du unkonzentriert bist. Multitasking ist anstrengend und obendrein unhöflich.

Versuch gar nicht erst, mehrere Dinge parallel zu bearbeiten. Denn damit kannst du keiner Aufgabe gerecht werden und ihnen jeweils nur Teile deiner Aufmerksamkeit schenken. In der Konsequenz bleibt deine Leistung so unter deinen Ansprüchen. Setz dich zunächst lieber an eine Aufgabe und beende diese erst, wenn du damit zufrieden bist. Widme dich im Anschluss deiner nächsten Aufgabe. Dabei kannst du dir vorstellen, beim Arbeiten „Scheuklappen" aufzuhaben – so siehst du nur das, was gerade wirklich zählt. Denkst du stattdessen die ganze Zeit an alles, was du noch erledigen musst, entsteht eher Panik. Vermeide daher den Blick auf die To-do-Liste. Du kannst alles schaffen – eins nach dem anderen.

3.8 Schirm dich ab

Wenn es dir schwerfällt, dich aufs Schreiben zu konzentrieren, überlege dir, in welcher Situation du dich normalerweise selbstbewusst und sicher fühlst. Versuche, dich gedanklich in diese Rolle beim Schreiben hineinzuversetzen. Bist du dir bei deiner Sache sicher und selbstbewusst, wirst du auch konzentrierter arbeiten können, weil du weniger zweifelst.

IM EINSATZ

Einer meiner Ratsuchenden arbeitete vor seinem Studium als Rettungssanitäter. Aufgrund dieser Erfahrung fragte ich ihn, wie er sich bei seinen Einsätzen fühlte und wie konzentriert er dabei war. Er erzählte mir, dass er sich, sobald er zu einer Unfallstelle gerufen wurde, wie im Tunnel fühlte und total auf die Arbeit fokussierte. Nichts konnte ihn ablenken. Das nutzten wir! Ob er eine Kopfbedeckung zu Hause habe, die ihn an die Zeit als Rettungssanitäter erinnert, fragte ich ihn. Ihm fiel der Feuerwehrhelm ein, den er noch aus der Ausbildung besaß. Ich schlug ihm daraufhin vor, sich beim nächsten Mal, wenn er sich zum Lernen an den Schreibtisch setzt, diesen Feuerwehrhelm aufzusetzen, um sich so in eine Art Einsatzmodus zu begeben, in dem er konzentriert, wie im Tunnel, lernen könnte.

Du kannst dir nun analog zu diesem Beispiel überlegen, in welchen Situationen du dich selbstbewusst fühlst. Vielleicht fällt dir ein eigenes Beispiel aus deinem Hobby oder eines vorherigen Jobs ein, bei dem du dich vollends der Sache hingeben konntest. Vielleicht findest du ebenfalls einen alten Helm oder ein Kleidungsstück, die du beim Lernen oder Schreiben aufsetzen oder anziehen magst.

Zählst du dich zu den hartnäckigeren Aufschiebern, probier mal diesen Tipp von Josh Terry, den habe ich bei TikTok entdeckt (URL auf Seite 130f.). Er schlägt vor, dass man einen zweiten Stuhl in die Mitte des Zimmers stellt, diesen nennt Terry „resting chair“. Wenn du eine Aufgabe vor dir hast, frag dich, ob du die Aufgabe auf deinem Schreibtischstuhl machen möchtest oder dich auf deinen Ausruhstuhl setzen möchtest. Wählst du den zweiten Stuhl, nutze die Zeit, ruhe dich aus, mache eine Atemübung oder dehne dich. Nimm auf keinen Fall dein Handy oder andere technische Geräte mit zu deinem zweiten Stuhl, sondern lass deinen Gedanken freien Lauf, mache im Zweifel nichts, außer die Wand vor dir anzuschauen. Was geschehen wird, ist nicht überraschend: Du langweilst dich. Und kannst du die Langeweile dann nicht mehr aushalten, möchtest du nichts lieber tun, als dich wieder an den Schreibtisch zu setzen und die Aufgabe zu erledigen, die du möglicherweise schon Wochen vor dir hergeschoben hast.

3.9 Lerne, Nein zu sagen

Mir geht es manchmal so, dass ich am Schreibtisch sitze und anfangen will zu tippen und dann merke ich, dass ich doch noch dies oder jenes machen wollte und ich werde ganz unruhig. In diesen Momenten klopft die Prokrastination bei mir an und ich muss aktiv gegen sie angehen. Falls du, wovon ich ausgehe, dieses Anklopfen kennst, solltest du beim nächsten Mal versuchen „Nein!" zu rufen. Wenn du das Wort „Nein!" laut aussprichst, machst du dir deinen Ablenkungsversuch bewusst und kannst aktiv entscheiden, ob du diesem Impuls folgen möchtest oder eben nicht. Du kannst das Nein-Sagen trainieren wie das Jonglieren. Erstmal werden Bälle herunterfallen, deine Nein-Sage versuche scheitern. Aber Übung macht bekanntlich den Meister, ob beim Jonglieren oder Nein-Sagen.

3.10 Parke deine Ideen

Denkst du beim Schreiben häufig daran, was du sonst noch alles tun müsstest, hilft ein Notizbuch auf dem Schreibtisch, in das du all deine Gedanken eintragen kannst.

Dir könnte einfallen, was du noch einkaufen musst oder welche Serie du dir heute Abend anschauen möchtest. In deinem Notizbuch haben ebenso negative Gedanken Platz, wie „Ich schaff das nicht" oder solche, die dich beschäftigen, die du aber in dem Moment am Schreibtisch sowieso nicht lösen kannst. Nimm dir gar nicht erst vor, den „Gedankenknoten" sofort zu lösen, sondern trage dir einen Termin ein, an dem du dich mit diesem Gedanken bewusst auseinandersetzt.

3.11 Arbeite in deiner persönlichen Primetime

Überleg einmal, zu welcher Tageszeit du produktiver und konzentrierter arbeiten kannst...

Bei mir ist es eher am Vormittag, nachdem ich gefrühstückt habe, so zwischen neun und zwölf Uhr. Nach dem Mittagessen habe ich meistens ein Tief, da bin ich nicht produktiv. Später könnte ich vielleicht wieder am Nachmittag konzentriert arbeiten, so von 15 bis 18 Uhr. Nur möchte ich in dieser Zeit lieber etwas mit meiner Tochter unternehmen. Abends bin ich zu müde, um mich noch mal an den Schreibtisch zu setzen. Also bleibt mir häufig vor allem der Vormittag – als meine persönliche Primetime.

Deine Primetime kann zu völlig anderen Tagezeiten sein, je nach deinen Lebensumständen. Manche meiner Ratsuchenden können am besten zwischen 20 und 24 Uhr arbeiten, wenn es draußen dunkel und etwas Ruhe eingekehrt ist.

Suche deine persönliche Primetime und versuche darin primär jene Aufgaben zu erledigen, die am meisten Konzentration benötigen. Lege leichtere Aufgaben von vornherein auf Zeiten, in denen du erfahrungsgemäß eher unaufmerksamer bist. In den in der Abbildung grau unterlegten Zeitfenstern könntest du Sport machen oder Dinge im Haushalt erledigen. Dann musst du damit nicht deine „Primetime“ verschwenden.

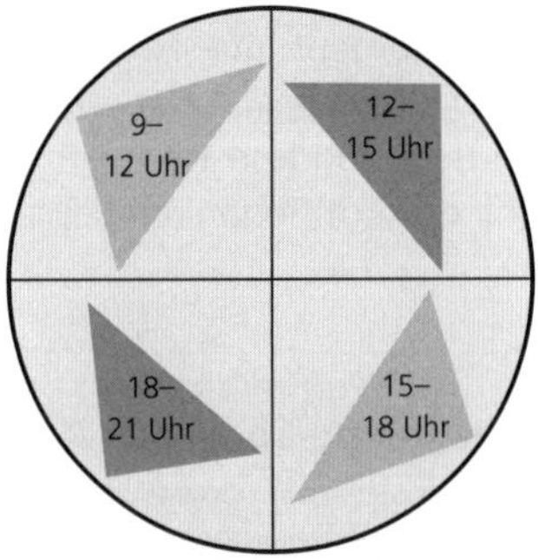

Abbildung 6: Beispiel für einen möglichen Arbeitsrhythmus

3.12 Unterhalte dich mit deinem inneren Kritiker

Wie du bereits an anderen Stellen in diesem Buch gelesen hast, bestimmen Glaubenssätze häufig unser Handeln. Gerade die negativen Glaubenssätze führen dazu, dass wir aufschieben. Ein negativer Glaubenssatz könnte lauten: *"Was ich schreibe, ist totaler Mist."* Stell diese Aussage in Frage. Ist das, was ich schreibe, wirklich so ein „totaler Mist"? Oder glaube ich das in diesem Moment nur? Habe ich schon mal positives Feedback und gute Noten auf Hausarbeiten bekommen? Ist mein Glaubenssatz möglicherweise falsch?

Ich habe die Erfahrung gemacht, dass viele Studierende sehr hohe Ansprüche an sich und ihre Texte haben. Dies schadet per se nicht. Aber was passiert, wenn diese Ansprüche unrealistisch und viel zu hoch sind? Es wird zu Unzufriedenheit und weniger Vertrauen in die eigenen Leistungen führen. Mit den „inneren kritischen Stimmen" gehen häufig Schuldgefühle einher. Denn wenn ich denke, dass ich etwas nicht gut genug gemacht habe, fühle ich mich schlecht – und schuldig. Versuche deine eigenen Schuldgefühle zu überwinden. Sage dir stattdessen: „Ich habe einen Fehler gemacht. Das nächste Mal kriege ich das besser hin!"

3.13 Nutz das Pareto-Prinzip

Das „Pareto-Prinzip" könnte bei deinem „inneren Kritiker" ansetzen. Damit versuchst du, dich mal mit 80 Prozent zufrieden zu geben und somit deinem „inneren Kritiker" ein „Ich habe genug gemacht!" entgegenzusetzen. Doch was verbrigt sich hinter diesem Prinzip? Das Pareto-Prinzip, auch 80/20-Regel genannt, hat seinen Namen vom italienischen Universal-Gelehrten Vilfredo Pareto, der gegen Ende des 19. Jahrhunderts einige erstaunliche Entdeckungen machte. Er stellte zum Beispiel fest, dass 20 Prozent der Kunden eines Unternehmens für 80 Prozent seines Umsatzes sorgen. Oder: Ein Baum produziert mit 20 Prozent seiner Blätter 80 Prozent seiner Nährstoffe; 20 Prozent der Flüsse transportieren 80 Prozent des Wassers. Klar, fand er Beispiele mit abweichenden Verhältnissen, 90:10 oder 99:1, fast immer lagen sie jedoch bei 80:20.

Wie kannst du diese Erkenntnis für dich nutzen? Wie wir bereits bei der Verknappung der Arbeitszeit gesehen haben, führt weniger zur Verfügung stehende Zeit meist zu erstaunlich produktiven Ergebnissen. Wenn du nun das Pareto-Prinzip anwenden möchtest, könntest du dich am Morgen fragen, was du heute unbedingt erledigen musst, wenn du nur eine Stunde arbeiten dürftest. Damit filterst du die wichtigsten 20 Prozent heraus und kümmerst dich erst mal darum. Wenn du damit fertig bist, kannst du dich in deiner übrigen Zeit mit den unwichtigeren Aufgaben beschäftigen. So kannst du es dir häufig sparen, 80 Prozent deiner E-Mails gründlich durchzulesen, wenn ja maximal 20 Prozent der E-Mails wirklich relevant für dich sind. Leider neigt man im Alltag häufig dazu, erst einmal die kleinen leichten Zeitfresser zu erledigen, bevor man sich an die wirklichen Herausforderungen wagt. So habe ich während meines Schreibprozesses gerne Zeit mit der Formatierung dieses Textes verschwendet. Außerdem habe ich mich häufig an Kleinigkeiten aufgehalten, anstatt mich an die wichtigen Inhalte zu machen und zu schreiben. Vielleicht geht es dir ja beim Schreiben ähnlich und vielleicht erinnerst du dich dann noch mal an die Entdeckungen von Vilfredo Pareto. Also:

TIPP

Lass bei einer Aufgabe alles Unwichtige weg und konzentriere dich auf das, was dir den meisten Nutzen verspricht. Dann kannst du 80 Prozent der Ergebnisse in 20 Prozent der Zeit erreichen.

3.14 Sorge für Entspannung

Schreiben ist anstrengend, Lernen ohnehin. Unterschätze das nicht. Kümmere dich daher neben den Phasen der Anspannung ebenso um Zeit für Entspannung. Um während stressiger Zeiten zu verhindern, dass der Stress überhandnimmt, solltest du Entspannungsmöglichkeiten ausprobieren und nutzen.

Wenn dich Musikhören entspannt, hör Musik. Daneben ist Sport in mehrfacher Hinsicht hilfreich: Zum einen konzentrierst du dich durch deine sportliche Aktivität für einen Moment auf etwas anderes als dein Schreibprojekt und kannst gedanklich abschalten. Zum anderen werden durch Sport gezielt Stresshormone abgebaut. Insbesondere, wenn du bei dir neben Prokrastination eine Tendenz zu ADHS vermutest, solltest du unbedingt regelmäßig Sport machen. Nur so gibst du deinem Gehirn die notwendige Anregung und Ausschüttung von Hormonen und Neurotransmittern, die es braucht.

Hast du schon mal über Meditation nachgedacht? Falls nicht, solltest du dich mal darüber informieren und überlegen, ob das was für dich sein könnte. Auch dafür gibt es gute Kurse oder hilfreiche Apps (zum Beispiel *7mind, headspace*, etc.).

Kennst du weitere Entspannungsverfahren? Falls nicht, kannst du ja mal Yoga testen. Da gibt es sicher ein Studio in deiner Nähe oder einen Online-Kurs, den du mal ausprobieren kannst. Außerdem gibt es noch die *Progressive Muskelentspannung* nach Jacobsen oder das *Autogene Training*. Auch dazu findest du im Internet Anleitungsvideos oder Kurse. Entspannungskurse werden zudem an den meisten Universitäten vom Hochschulsport angeboten oder von den psychologischen Beratungsstellen der Hochschulen.

Auch einfache Atemtechniken können zur Entspannung genutzt werden. Konzentriere dich dazu gezielt auf deine Atmung und lass den Atem ein- und wieder ausströmen. Wiederhole dies mehrere Male. Während du bewusst auf deinen Atem achtest, hat dein Gehirn keine Zeit mehr, sich auf etwas anderes zu konzentrieren. Deine Gedanken werden sich zwar nicht sofort abstellen lassen, aber du wirst immer besser zur Ruhe kommen können. Probiere es doch einfach mal aus. Damit du Atemtechniken bei Anspannung anwenden kannst, übe sie ein paar Mal. Verzweifle nicht, solltest du nicht sofort entspannen. Nimm dir Zeit zum Praktizieren und fange damit am besten schon früh in deinem Lern- oder Schreibprozess an.

3.15 Setz dich immer wieder dran

Du beugst Prokrastination sehr gut vor, indem du dich jeden Tag an deine Aufgabe setzt. Mein Tipp in Kürze:

> **TIPP**
> Setz dich immer wieder hin und arbeite an deinem Projekt.

Mach dir folgende Rechnung bewusst: Arbeitest du jeden Tag zehn Minuten an deinem Projekt, macht das 50 Minuten in fünf Tagen. Das wären dann 200 Minuten in einem Monat. Das ist doch schon mal etwas. Häufig bleibt es aber nicht bei nur zehn Minuten, wie uns die M&M-Methode (s. S. 42) zeigt. Du erinnerst dich noch?

3.16 Arbeitet zusammen

Das Studium ist ein Mannschaftssport, selbst wenn du dir manchmal als ein/e Einzelkämpfer*in vorkommst. Vielleicht kann man das Studieren am ehesten mit der Leichtathletik vergleichen. Dort erzielt jeder erst mal Einzelergebnisse und gewinnt Medaillen für sich allein. Aber auch dort ist man Teil eines Teams, trainiert in Gemeinschaft und wird bei Wettkämpfen von Mannschaftskolleg*innen angefeuert.

Aufs Studium übertragen heißt das für dich, dass du ganz alleine am Schreibtisch studieren kannst. Oder du suchst dir als Motivation eine Begleitung für die Bibliothek. Alternativ könntet ihr gemeinsam in der einen oder anderen WG arbeiten. Helfen kann sogar, wenn du deiner/m Kommiliton*in schreibst, dass du gerade am Schreibtisch sitzt und mit dem Arbeiten anfängst. Damit verbindet ihr euch virtuell und ihr beide fühlt euch, als arbeitet ihr gerade zusammen, als seid ihr nicht allein auf euch gestellt. Dadurch entsteht zudem für beide Seiten eine größere Verbindlichkeit, wirklich anzufangen – und schließlich dranzubleiben. Auch durch einen Video-Anruf könnt ihr quasi nebeneinander arbeiten, ohne miteinander sprechen zu müssen.

Eine kostenlose Alternative zu bekannten Videokonferenzanbietern, wie *zoom & co.,* heißt *Discord.* Dieser Dienst kommt ursprünglich aus der Gaming-Szene und wird inzwischen von vielen Schüler*innen und Studierenden für Lern- oder Schreibgruppen genutzt. Man kann über *Discord* in sogenannten Servern kommunizieren, sprich in eigenen geschützten Räumen.

Eine weitere Möglichkeit bringen *Study-with-me*-Videos bei *Youtube*, die du während des Schreibens oder Lernens im Hintergrund laufen lässt. Das bietet sich besonders für diejenigen an, die noch nicht oder nicht mehr so viele Leute an der Uni kennen oder lieber allein arbeiten.

Während ich diese Zeilen schreibe, läuft bei mir ein solches Video von *StudyMD* (URL auf Seite 130f.). Dort schaue ich einem kanadischen Medizin-Studenten beim Lernen zu und arbeite sozusagen mit ihm zusammen. Er vereint in seinen Videos übrigens einige der Tipps, die ich dir bisher vorgestellt habe. So hat er sich eine angenehme Lernumgebung geschaffen. Sein Schreibtisch ist immer aufgeräumt und es brennt eine Kerze, seine Beleuchtung ist angenehm gedimmt. Zusätzlich hat er im Hintergrund entspannte Instrumental-Musik. Außerdem läuft ein Timer, der dir anzeigt, wie lange du noch arbeiten sollst. Ist die Zeit um, startet ein Pausen-Timer, bevor es wieder weiter geht. Ohne Musik, dafür mit Regengeräuschen untermalt und Ausblick auf alte Gemäuer, sitzt und lernt die Youtuberin *Merve*.

3.17 Leg dich fest

Das gemeinsame Arbeiten an Uni-Projekten bringt einen großen Vorteil mit sich: Du stehst mit deiner Deadline nicht allein da. Solltest du aber ohne Gruppe arbeiten, beziehe doch zukünftig einfach dein Umfeld ein. Erzähl beispielsweise deiner Mitbewohnerin, dass du vorhast, in vier Wochen deine Hausarbeit abzugeben. Wenn andere von deinen Deadlines und konkreten Vorhaben wissen, können sie dich im Zweifelsfall daran erinnern, dass du eigentlich gerade arbeiten wolltest. Die Tatsache, dass du anderen von deinen Vorhaben erzählst, erhöht die Wahrscheinlichkeit, dass du deinen Worten wirklich Taten folgen lässt.

TIPP
Leg dich fest! Und bleib dabei!

Ein eigenes Beispiel: Als ich während meines Masterstudiums in einer WG wohnte, gab es in unserer Küche jeden Mittwochabend eine Art Stammtisch, bei dem sich meine Mitbewohnerinnen mit anderen Studentinnen trafen, um den Fortschritt ihrer Abschlussarbeiten zu besprechen. Das Wissen darum, dass wieder Mittwoch-Stammtisch ist, motivierte meine Mitbewohnerin kurzerhand Texte zu lesen, bevor die anderen kamen, um sie ihnen vorzustellen.

3.18 Arbeite wie im Job

Zum ersten Mal habe ich den Begriff „Job-Mentalität" in einer Broschüre der Kolleg*innen des Psychologischen Beratungs-Service (PBS) in Oldenburg gelesen. Doch was ist mit Job-Mentalität gemeint und wie passt der Begriff „Job" zum Studium? Ganz einfach: Sieh dein Studium wie deinen aktuellen Job. Als unbezahlte Arbeit zwar, aber eine die äußeren Verpflichtungen und Zwängen unterliegt. Die meisten Studierenden berichten mir in diesem Zusammenhang, dass sie im Nebenjob seltener zu spät kommen und produktiver arbeiten, es beim Verfassen von Hausarbeiten jedoch selten pünktlich in die Bibliothek schaffen und oftmals unproduktiv sind. Gibt es einen Rahmen, der einem vorgibt, wann man anfangen muss und wie lange man im Büro bleiben soll, hat man weniger Flexibilität und eine höhere Verbindlichkeit.

Im Studium sagt dir ja keiner, wann du anfangen sollst, wann Zeit für eine Pause ist und was zuerst erledigt werden muss. Einige kommen mit dieser Eigenverantwortung klar. Andere haben Schwierigkeiten mit diesem hohen Maß an Flexibilität. Besonders jüngere Studierende, die gerade von der Schule an die Uni kommen, tun sich schwer damit, auf einmal selbst Vorlesungen und Seminare belegen zu müssen und obendrein selbstverantwortlich dort hinzugehen. Häufig bleibt Schwänzen ohne Konsequenzen.

Das A und O der Job-Mentalität sind Routinen. Man beginnt zu einer vorher festgelegten Uhrzeit an einem festgelegten Ort zu arbeiten, und zwar ohne Ausnahmen und Entschuldigungen. Du solltest keine Zeit damit verschwenden, zu überlegen, wann du heute mit dem Lernen oder Schreiben beginnen wirst und ob du dafür in die Bibliothek fährst oder doch lieber zu Hause bleibst. Bei deinem Job musst du unter Umständen auch um 9 Uhr im Büro sein.

Der Gedanke, dass dein Studium gerade dein Job ist, kann dir helfen, weniger darüber nachzudenken, ob du Lust auf die Uni hast oder nicht.

4 Abschließen

Du hast es schließlich geschafft, mit deinem Schreibprojekt anzufangen. Glückwunsch! Möglicherweise haben dir ein paar der vorgestellten Tipps dabei geholfen. Beim Dranbleiben wurde es vielleicht nochmal herausfordernd. Doch du hast den Verlockungen der unzähligen Ablenkungsmöglichkeiten widerstanden und bist tatsächlich drangeblieben. Toll! Ein großer Teil deines Textes steht und deine Abgabefrist naht. Aber wie schaffst du es nun, fertig zu werden? Der Abschluss deines Projektes ist die letzte Hürde, die es zu nehmen gilt. Dafür habe ich ein paar Ideen für dich gesammelt. Mit ihnen schaffst du es bestimmt!

4.1 Halte durch und gib nicht auf

Einer der wichtigsten Tipps auch hier gleich zu Beginn: Halte durch! Du hast es fast geschafft. Wäre da nicht der Umstand, dass dir am Ende deines Schreibprojektes womöglich „die Luft ausgeht". Das ist ganz normal. Sammle noch einmal Kraft und ziehe bis zum Ende durch. Es lohnt sich!

Gerne möchte ich dir an dieser Stelle eine persönliche Geschichte erzählen: Ich bin 2019 meinen ersten Marathon in Frankfurt gelaufen. In der Vorbereitung auf die 42,195 km Laufstrecke habe ich einiges übers Marathon-Laufen gelesen. Bei mir hat sich der Ratschlag eingeprägt, beim Laufen Kräfte aufzusparen, um auf den letzten 10 km nicht schlappzumachen. Was habe ich also gemacht? Ich habe versucht, das Rennen langsam anzugehen und mich von der Euphorie an der Startlinie nicht zu sehr anstecken zu lassen. Den Lauf empfand ich als anstrengend und die letzten 5 km taten richtig weh. Als ich die Markierung mit „km 40" passierte, hatte ich eigentlich keine Kraft mehr und wollte am liebsten stehenbleiben. Auf den letzten Metern begleitete mich schließlich die Vorstellung, wie ich über den roten Teppich laufe und die Ziellinie in der Frankfurter Festhalle passiere. Bei meiner Vorbereitung auf den Lauf hatte ich mir Videos dieser Szene aus den Vorjahren angesehen, in der Läufer*innen unter Applaus auf die Zielgerade zusteuern. Das motivierte mich, die letzten Kilometer durchzuhalten, obwohl mir überhaupt nicht mehr nach Weiterlaufen war.

Daher mein Tipp an dich: Halte bei deinem Schreibprojekt durch, auch wenn es dir schwerfällt. Der Moment der Abgabe wird dich für deine Mühen und Strapazen belohnen. Er ist deine Ziellinie, die du dir vor Augen führen solltest.

TIPP
Überlege dir ein Mantra oder einen Satz, den du dir laut vorsagst und der dich durch dein Projekt trägt.

Am Ende eines Schreibprojektes schwindet schon mal die Lust und die Energie. Nur ist es gerade dann wichtig, nicht aufzugeben. Es gab sicher Momente in deinem Schreibprozess, in denen es dir leichter fiel, deiner Prokrastination zu widerstehen. Und solche, in denen du durchaus prokrastiniert hast. Diese Phasen kennen wohl die meisten Autor*innen und die meisten Studierenden. Jedenfalls bist du dennoch drangeblieben, vielleicht mit ein paar der hier vorgestellten Tipps. Und mit jedem Mal, das du nicht prokrastiniert, sondern den Ablenkungen widerstanden hast, wirst du es Schritt für Schritt immer besser schaffen, weniger aufzuschieben. Dass du nun diese Zeilen liest, beweist dein Durchhaltevermögen und deinen festen Willen, etwas verändern zu wollen. Sonst hättest du längst dieses Buch in die Ecke werfen oder verstauben lassen können. Nein, du bist drangeblieben, um die letzten Tipps kennenlernen und zu wissen, was du noch tun kannst, um erfolgreich zum Abschluss zu kommen. Dies wird dir jetzt ebenfalls gelingen.

4.2 Ziehe Bilanz

Am besten machst du nach jedem Arbeitstag eine Tagesreflexion. Dabei kannst du zunächst kurz aufschreiben, was heute gut lief. Du solltest dir anschließend notieren, wo es heute noch gehakt hat und was du morgen vielleicht anders machen möchtest. Führst du dir am Ende des Tages vor Augen, was du alles heute geschafft hast, wird es dich sicherlich zufrieden stimmen. So, wie ein Maler abends die Wände in neuen Farben strahlen sieht, die morgens noch kahl waren, kannst auch du dein Tagewerk bestaunen, indem du Bilanz ziehst.

Zusätzlich zur Tagesreflexion kannst du die Woche reflektieren. Du wirst feststellen, dass du über die sieben Tage ganz schön vorangekommen bist. Obwohl du vielleicht am jeweiligen Tag gar nicht mal so viel geschafft hast, wie du dir vorgenommen hattest. Hast du dir einen Monatsplan erstellt, siehst du auch darin, was du bisher alles geschafft hast und dass dein Abschluss nicht mehr weit ist.

4.3 Visualisiere deine Fortschritte

Neben der schriftlichen Reflexion hilft die Visualisierung deiner Fortschritte. Überlege dir, wie du Teilschritte, die du an diesem Tag erreicht hast, für dich so darstellen kannst, dass du sie gut im Blick hast. Eine Möglichkeit: Notiere deine Aufgaben auf farbigen Haftnotizzetteln, klebe sie an die Wand und verschiebe diejenigen, die du erledigt hast.

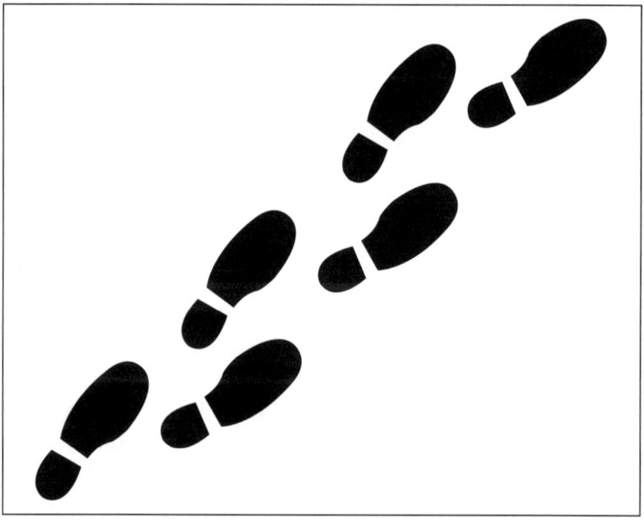

Abbildung 7: Fortschritte sichtbar machen

TIPP
Erstelle eine „Have-done-Liste".

Im Gegensatz zu einer To-do-Liste kommen auf die Have-done-Liste nur die Aufgaben, die du wirklich erledigt hast. Sie zeigt dir, was du alles geschafft hast und soll dich motivieren, weiterzumachen. Hänge diese Liste am besten gut sichtbar auf.

Auch schön: Wirf bunte Zettel in ein Einmachglas, auf die du deine Teilerfolge des Tages notierst. Füllt es sich, gibt es dir am Ende des Tages das Gefühl, vorangekommen zu sein – und am Ende der Woche erst recht. Dadurch wächst deine Motivation, weiterzuarbeiten.

4.4 Lade deinen Akku auf

Sportler*innen können gute Vorbilder sein. Von Fußballern etwa weiß man, dass sie nach Spielen gerne mal in die „Eistonne" steigen. Damit werden sie sich wohl kaum belohnen, denn wer taucht schon gerne freiwillig in eiskaltes Wasser? Nein, sie beginnen sofort nach dem Wettkampf mit der Regeneration und bereiten sich so schon auf den nächsten vor. Stelle dir vor, dass du deine Freizeit als Regeneration für die nächste Arbeitseinheit gestaltest, in der du deinen „inneren Akku" für den nächsten Kraftakt auflädst. Erinnere dich daran, wenn du überlegst, deine nächste Verabredung abzusagen, weil du ein schlechtes Gewissen hast wegen deiner Prokrastination.

4.5 Hol dir Feedback

Schreiben kann einsam sein und einsam machen. Nichtsdestoweniger sind wir Menschen soziale Wesen und brauchen einander, um überleben zu können. Wir brauchen einander vielleicht auch, um uns gegenseitig zu spiegeln und zu kritisieren. Scheue dich nicht davor, dir Feedback für deine Arbeit einzuholen. Hinter jedem Feedback steht die Chance, etwas zu lernen.

Bitte einmal Freund*innen oder Angehörige, Teile deiner Arbeit zu lesen und dir Rückmeldung zu geben. Frag nach, ob dein Text nachvollziehbar ist und logisch konsistent.

Die meisten Schreibprojekte im Studium werden von Betreuer*innen begleitet. Nutze die Chance, von ihnen Feedback zu erhalten. Dafür musst du dich womöglich erstmal überwinden, deinen Text überhaupt zu zeigen. Doch dein Mut wird sich lohnen, denn nur so wirst du erfahren, ob du „auf Kurs" bist oder nachjustieren solltest.

Zugegeben, Feedback kann durchaus demotivierend sein. Wenn etwa dabei herauskommt, dass dein/e Betreuer*in mit der Richtung deines Textes nicht einverstanden ist oder dir andere Quellen oder gar eine völlig andere Herangehensweise empfiehlt. Erst mal mag so eine negative Kritik frustrierend sein, vor allem wenn du gefühlsmäßig völlig umsonst so viel Fleiß und Zeit in dein Schreibprojekt gesteckt hast. Doch sieh's mal positiv. Dein/e Betreuer*in hilft dir – wohlmöglich noch rechtzeitig –, auf den richtigen Weg zu kommen, damit du dich am Ende nicht völlig verläufst. Negative Überraschungen ersparst du dir so allemal.

Feedback bringt obendrein den Vorteil, dass du aus Fehlern lernen und zukünftig Dinge besser machen kannst. Wenn du gar nicht erst weißt, wo sich Fehler verbergen, kannst du sie schlecht korrigieren.

4.6 Reise gedanklich in die Zukunft

Gedanklich in die Zukunft zu reisen, kann ziemlich bereichernd sein. Während viele geübt darin sind, sich nur den schlimmsten Ausgang eines Ereignisses vorzustellen, möchte ich dich mit der folgenden Übung auf eine Reise einladen, in der du dir den Erfolgsfall genau vorstellst.

ÜBUNG
Reise mental zuerst zu deinem „Horror-Ich". Male dir das katastrophalste Szenario aus: Was könnte bei deiner Haus- oder Abschlussarbeit alles schiefgehen? Stell dir nun dich selbst vor, nachdem du die Arbeit so richtig vermasselt hast. Wie fühlst du dich, was tust du?
Welche Tipps würde dir dein „Horror-Ich" geben, um deine Hausarbeit zu sabotieren und „gegen die Wand zu fahren"?
Nachdem du gedanklich zum schlimmsten Ausgang gereist bist, kehre wieder ins Hier und Jetzt zurück. Und reise dann erneut los, diesmal zu deinem „Erfolgs-Ich". Welche Tipps gibt dir das „Ich", das gerade die Arbeit erfolgreich abgegeben und womöglich sogar eine gute Note bekommen hat? Wie hat dein „Erfolgs-Ich" es geschafft, so gut abzuschneiden? Wie fühlst du dich nun, was tust du?
Welche Tipps gibt dir dein „Erfolgs-Ich", damit auch du solch einen Erfolg haben kannst?

4.7 Lieber fertig als perfekt

Was nützt dir eine perfekte aber nur halb fertige Hausarbeit, wenn der Tag der Abgabe kommt?

Dazu eine Frage, die ich bei „Ein gutes Projekt" (2021) gelesen habe: *Wie nennt man einen Menschen, der gerade so seine Doktor-Arbeit abgegeben hat? – Doktor!*

Egal, wie du fertig geworden bist, ob kurz vor knapp oder gerade so. Hauptsache, du fandest überhaupt ein Ende. Das ist es, was zählt. Nicht mehr. Aber auch nicht weniger.

Versuche, zwischendurch gerne mal deinen perfektionistischen Anteil zu hinterfragen, deine „Miss Perfect" oder deinen „Mister Perfect". Wenn dir eine innere Stimme immer wieder zuflüstern sollte, dass dieser Satz oder jener Abschnitt noch nicht perfekt ist, so frag dich, ob dein eigener Anspruch gerade etwas zu hoch ist und du mit einem weniger perfekten Text zufrieden sein könntest. Übrigens wird unsere eigene Arbeit für Außenstehende meist als völlig ausreichend empfunden. Nur uns selbst genügen wir oftmals nicht und wir feilen immer weiter an jedem Satz – mit der Konsequenz, nicht fertig zu werden. Nun leg doch mal versuchsweise die Perfektion beiseite. Und nimm dir damit den Druck, um dich wieder unbefangen deinen Aufgaben zu widmen. Damit Dinge gut werden können, muss man sie eben auch mal gut sein lassen. Da nutzt es nichts, wenn wir uns immer wieder dransetzen. Erinnere dich an das Pareto-Prinzip: Für die letzten 20 Prozent Perfektion braucht es unverhältnismäßig viel Energie.

Damit du deine Perfektion loslassen kannst, solltest du dich in Selbstliebe und Selbstakzeptanz üben. Zolle dir Respekt für das, was du bisher erreicht hast. Mit dem notwendigen Respekt dir selbst gegenüber, kannst du ruhig mal deinen Text ruhen lassen und dich mit Freund*innen treffen. Das wird dir guttun. Wird dir dein Perfektionismus bewusst und setzt du dich mit ihm auseinander, wirst du am Ende fertig werden können. Vielleicht nicht mit dem perfekten Ergebnis, dafür mit dem überragenden Gefühl, es geschafft zu haben.

TIPP
Strebe nicht nach Perfektion, sondern nach Ergebnissen, die gut genug sind.

4.8 Sei dankbar

Dankbarkeit kann ein Schlüssel zum Erfolg sein. Sie verbessert Beziehungen, reduziert negative Gedanken und Stress. Versuche demnach, dankbar zu sein. Für deine Erfolge, für Freund*innen, für deine Gesundheit. Dankbarkeit während des Prozesses wird dich motivieren, dein Schreibprojekt erfolgreich abzuschließen. Oft liest man in Abschlussarbeiten oder Romanen Danksagungen auf den ersten oder letzten Seiten. Ich möchte das an dieser Stelle machen: Ich bin meiner Familie besonders dankbar, dass sie mich während des Schreibens an diesem Ratgeber immer unterstützt und so manches Mal auf mich verzichtet hat.

ÜBUNG
Wem bist du dankbar und für was?

4.9 Akzeptiere dich selbst

Sei nachsichtig mit dir, wenn du mal prokrastinierst. Mach dir klar, dass die Texte, die gerade aus deiner Literaturrecherche vor dir liegen, ebenfalls nicht sofort druckreif waren. Die meisten dieser Werke klangen vermutlich zu einer früheren Phase ebenso holprig, wie dein Text gerade. Es ist in Ordnung, dass sich dein Text noch nicht so rund liest, wie das gedruckte Buch, das auf deinem Schreibtisch liegt.

Gefühle wie Scham oder Schuld sind ganz normal in Schreibprozessen und sie kennt so gut wie jeder, der mal einen Text geschrieben hat. Verzeih dir also, dass du zwischendurch aufschiebst. Dies fördert deine Selbstakzeptanz und hebt deine Stimmung. Und das wiederum trägt sicher dazu bei, dass du produktiver wirst und in der Folge weniger prokrastinierst.

4.10 Belohne dich

Wir tendieren dazu, kleine Belohnungen in naher Zukunft zu bevorzugen, statt lange auf eine große Belohnung warten zu wollen. Zumindest reagiert unser Gehirn am stärksten auf sofortige Belohnung. Was erklärt, warum ich so gerne staubsauge, denn dabei werde ich sofort belohnt, weil ich sehe, dass die Krümel vom Boden verschwinden.

Übertragen auf das Schreiben heißt das, dass du dich schon für kleine Teilerfolge belohnen solltest, statt auf die Belohnung am Ende der Abgabe und möglicherweise noch auf die Benotung deiner Haus- oder Abschlussarbeit zu warten.

Um deine Teilerfolge sofort zu belohnen, markiere deine erledigten To-dos mit einem bunten Textmarker, lob dich selbst und klopf dir auch mal zwischendurch auf die Schulter. Das kann durchaus ungewohnt sein, regt aber dein Belohnungssystem an, indem es unliebsame Aufgaben mit einem positiven Feedback verknüpft. Das merkt sich dein Gehirn.

Beachte dabei aber, dass du dich nicht zu sehr mit Alkohol oder anderen Genussmitteln belohnst. Die Belohnung sollte eher daraus bestehen, dass du spazierengehst oder Zeit mit netten Menschen verbringst. Wichtig ist, dich auch dann mit Freund*innen zu treffen, wenn du mit deinem Tagespensum nicht zufrieden bist. Viele Prokrastinierer*innen haben die Angewohnheit, sich selbst diese wichtige soziale Unterstützung zu verwehren, weil sie glauben, es nicht zu verdienen Freund*innen zu treffen, wenn sie prokrastiniert haben. Aber gerade das macht das Prokrastinieren schlimmer.

4.11 Mach Feierabend

Lege dir Arbeitszeiten fest, beginne pünktlich. Und mache ebenso pünktlich Feierabend, den du mit einem Ritual beginnen kannst. Erinnere dich an deine Schulzeit, wo Pausen oder der Schulschluss mit einem Gong eingeläutet wurden. Besonders freute ich mich immer, wenn der Gong zum Schulschluss ertönte und ich wusste, ich kann nach Hause gehen. Nun habe ich keinen Schulgong zu Hause. Stattdessen stelle ich mir einen fröhlichen Feierabend-Wecker auf dem Smartphone.

Alternativ: Strecke dich oder räume deinen Schreibtisch auf. Suche dir ein passendes Ritual, um deinen Arbeitstag zu beenden und folglich in den Feierabend zu starten. Tust du das nicht, wird vielleicht der Gedanke bleiben, dass du ja noch irgendetwas tun könntest. Oder schlimmer noch: tun müsstest.

4.12 Ziehe einen Schlussstrich

Zu jedem erfolgreichen Projekt, wie dem Fertigstellen deiner Haus- oder Abschlussarbeit, gehört ein mentaler Schlussstrich. Und der sollte zelebriert werden. Hängst du immer noch an deinem Text und gehst du zum x-ten Mal deine Formulierungen durch? Oder überarbeitest du schon wieder die Formatierung? Ziehe doch einmal einen Schlussstrich – und fange genau jetzt damit an!

ÜBUNG
Schließ deine Augen, atme tief aus und genieße den Moment, dass du bis hierhin in diesem Ratgeber gekommen bist. Öffne deine Augen und ziehe entlang der vorgezeichneten Linie deinen eigenen Schlussstrich. Probier es am besten gleich hier in diesem Ratgeber aus:

Dank dir selbst mit dieser Geste dafür, was du gerade für dich getan hast. Die Geste des Schlussstriches könntest du auch am Ende deines Schreibprojektes einbauen, um deinen Text leichter loslassen zu können.

Der obige Schlussstrich steht für das Ende deiner Arbeit. Und er markiert das Ende dieses Kapitels mit Tipps gegen das Prokrastinieren. *Ziehst du nun einen Strich unter deine bisherigen Erkenntnisse zu Prokrastination, was steht darunter?*

An dieser Stelle möchte ich dir gratulieren. Du hast nicht weiter deine Aufgaben verschoben, sondern begonnen, etwas zu ändern. Das verdient Respekt und ein großes Lob!

Sei stolz darauf, dass du dir Zeit für die Auseinandersetzung mit deinem Aufschiebeverhalten genommen hast. Ich hoffe, du konntest hilfreiche Erkenntnisse zum Thema „Prokrastination" gewinnen.

Ich möchte dir noch weiter Mut zusprechen, dich darüber hinaus aktiv deiner Prokrastination zu stellen. Obschon das Phänomen Prokrastination nach wie vor Unbehagen bei dir auslösen mag, so hoffe ich doch, dass es etwas an Schrecken verloren hat.

Und wenn du nur wenige Tipps aus diesem Ratgeber ausprobiert hast, so hoffe ich, dass der eine oder andere Denkanstoß für dich dabei war.

5 Wie können Betreuende prokrastinierende Studierende unterstützen?

Der Mythos der faulen Studierenden geistert nach wie vor hartnäckig durch die Universitätsgebäude. Es liegt jedoch nicht nur an den Studierenden selbst, wenn sie ihre Arbeiten nicht rechtzeitig abgeben. Betreuer*innen von Haus- oder Abschlussarbeiten, sprich Dozent*innen und Professor*innen, haben ebenfalls einen Einfluss. Sie können Prokrastination bei ihren Studierenden zulassen oder sogar fördern, aber die Studierenden auch dabei unterstützen, produktiv an ihren Arbeiten zu schreiben, damit sie diese schlussendlich fristgerecht abgeben können. Das ist sowohl im Sinne der Studierenden – und in dem der Betreuenden.

Eine Forschergruppe aus Halle fand heraus, dass Studierende umso mehr prokrastinierten, je unkonkreter und unklarer die Aufgabenstellung von Seiten ihrer Betreuer*innen formuliert war (Hoppe et al., 2018).

Halten Studierende Deadlines nicht ein, stellt sich unweigerlich die Frage nach dem „Warum". Ein möglicher Grund könnte sein, dass Studierende sich oft nicht vorstellen können, wie und mit welchem wissenschaftlichen „Werkzeug" sie eine bestimmte Aufgabe erledigen sollen. Zudem ist vielen Studierenden nicht klar, was ihr/e Betreuer*in bei der Haus- oder Abschlussarbeit von ihnen erwartet. Diese Unsicherheit führt bei den Studierenden häufig zu Prokrastination. Weil sie nicht wissen, was genau zu tun ist, lenken sie sich lieber mit Dingen ab, die Spaß machen und mit denen sie sich sicher fühlen.

Was können Betreuer*innen nun konkret tun, um ihre Studierenden zu unterstützen?

Betreuende sollten regelmäßige Gespräche mit ihren Studierenden führen und darüber im besten Fall Protokoll führen.

Somit haben beide Seiten klare Absprachen. Studierende auf der einen Seite können sich daran orientieren und zielgerichtet arbeiten, Betreuende können konkret Fortschritte der Arbeit erfragen. Wenn Dozierende dabei merken, dass ihre Studierenden prokrastinieren, können sie an nahende Fristen erinnern. Ohnehin helfen klar kommunizierte Deadlines den Studierenden. Denn so besteht die Dringlichkeit und damit die Motivation der Abgabe überhaupt erst.

Betreuende sollten bei der Gestaltung wissenschaftlicher Arbeiten darauf achten, miteinander verflochtene Teilaufgaben und Fortsetzungsaufgaben zu stellen: Eine Aufgabe baut auf einer vorangegangenen auf. Einige Videospiele veranschaulichen diese Vorgehensweise ganz gut: Der Spieler sammelt aufeinander aufbauende Hinweise (Quests), die am Ende, wenn man mehrere solcher Quests gelöst hat, zu einem Schatz, Gegner, oder Ähnlichem führen, bei dem man für seine Mühen belohnt wird.

Haben Studierende ihre Zwischenziele erreicht, könnten Betreuende sie mit Extrapunkten belohnen oder sie loben und so durch Worte ihre Wertschätzung zeigen.

Eine besondere Rolle spielt diese Form der engmaschigen und kommentierenden Betreuung bei Studierenden mit dem sogenannten „Hochstapler-Syndrom". In der Regel erbringen solche Studierende sehr gute akademische Leistungen. Sie haben jedoch ständig Angst davor, aufzufliegen. Denn sie glauben fest daran, jemand könne herausfinden, dass ihre guten Noten nicht gerechtfertig sind. Diese Studierenden leiden unter starken Selbstzweifeln, insbesondere in Hinblick auf ihre akademischen Fähigkeiten. Regelmäßiges Feedback hilft ihnen, sich und ihre Leistungen besser einzuschätzen.

Damit Studierende weniger prokrastinieren, sollten sie zudem die Möglichkeit bekommen, ihre Zwischenergebnisse in regelmäßigen Abständen zu präsentieren. So kann die betreuende Lehrkraft Rückmeldung in fest geplanten Feedbackgesprächen geben. Es sollten zudem Kolloquien angeboten werden, in denen sich Kommiliton*innen während ihrer Schreibprozesse gegenseitig Feedback geben können und vom Austausch zusätzlich profitieren.

Es soll natürlich nicht darum gehen, den Studierenden jeden Schritt im wissenschaftlichen Prozess ganz genau vorzugeben. Wissenschaftliches Schreiben bedeutet ja immer noch, dass sich Studierende das Thema primär selbst erschließen und mit der Abgabe ihrer Arbeit zeigen sollen, dass sie die notwendigen wissenschaftlichen Fertigkeiten beherrschen. Dies wird bei der späteren Benotung freilich einbezogen. Jedoch tragen die oben genannten Hinweise und Unterstützungsmöglichkeiten dazu bei, dass Studierende Abgabefristen einhalten, bessere Noten erhalten und ihren Abschluss in der Regelstudienzeit schaffen. Und dies sollte durchaus in beiderseitigem Interesse sein.

6 Wie können Angehörige prokrastinierende Studierende unterstützen?

In einem Online-Forum (URL auf Seite 130f.) habe ich einen Beitrag gefunden, der aus meiner Sicht sehr anschaulich das Dilemma beschreibt, in dem sich Angehörige, insbesondere Partner*innen von Aufschiebern, häufig wiederfinden. Eine Userin schreibt dort: *„Mein Freund leidet unter Prokrastination, und ich habe das Gefühl, dass das so langsam unsere Beziehung kaputt macht."*

Dieser Satz könnte so für den Leidensdruck vieler anderer Angehöriger stehen, deren Partner*in an einer psychischen Erkrankung leidet, zum Beispiel an einer Depression. Daher unterscheiden sich die Ideen, was Angehörige von Aufschiebern tun können gar nicht so sehr von denen, was Angehörige von Depressiven tun oder bestenfalls unterlassen sollten. Tipps dazu können auf der Webseite des „Bündnis gegen Depression" nachgelesen werden (URL auf Seite 130f.).

Zurück zum oben zitierten Forum-Beitrag. Dort beschreibt die Userin weiter: *„Er schiebt es selbst auf, einen Termin bei seiner Therapeutin zu machen, wo er ja Hilfe finden könnte!"* Auch dieser Satz ist typisch für die Problematik der Prokrastination und könnte stellvertretend für jegliche Beziehung mit Aufschiebern stehen. Denn in diesem Satz steckt aus meiner Sicht der Kern des Problems. Partner*in oder sonstige Angehörige mögen denken, dass es doch nicht so schwer sein kann, sich Hilfe zu suchen, ja gerade weil die Lösung (vermeintlich) so nahe liegt. Dabei liegt für Betroffene die Lösung überhaupt nicht nah, sondern in unerreichbarer Entfernung. Externe Hilfe anzunehmen und der (vermeintlich) leichte Anruf bei der/dem Therapeut*in ist für viele Betroffene schier unmöglich. Denn das wäre ja ein Eingeständnis, dass man es selbst nicht (mehr) schafft. Wäre dieser Schritt für Menschen, die prokrastinieren, so einfach möglich, hätten sie sich sicher längst Hilfe gesucht.

Was kannst du als Partner*in – als Angehörige*r – eines Aufschiebers tun?

Zunächst einmal solltest du versuchen, offen zu sein und dich selbst mit der Thematik der Prokrastination beschäftigen. Dafür machst du ja gerade einen ersten Schritt, indem du diesen Ratgeber liest und sogar bis zum vorletzten Kapitel gekommen bist. Offen sein bedeutet eben auch, offen für die Schwierigkeit deines/deiner Partner*in oder Angehörigen zu sein. Erwarte lieber nicht, dass deine gut gemeinten Ratschläge direkt von deinem Gegenüber umgesetzt werden. Bleibe geduldig, selbst wenn es dir schwerfällt. Verabschiede dich von der Idee, dass die Ratschläge, die dir selbst (vielleicht) geholfen haben, bei deinem Gegenüber funktionieren müssen. Das tun sie nämlich häufig nicht.

DER DEAL

Zusammen mit einer Studentin habe ich einmal eine Idee erarbeitet. Sie schloss mit ihrer Tante einen „Deal", dieser regelmäßig ein Kapitel ihrer Masterarbeit zum Korrekturlesen zuzuschicken. Als Belohnung überwies die Tante 100 Euro auf das Konto der Studentin, sie wollte ihr ohnehin zum Studienabschluss 500 Euro schenken. So kam die Belohnung in Häppchen – und die machten der Studentin Appetit darauf, endlich abzuschließen.

Das oben genannte Beispiel ist natürlich nicht für alle umsetzbar und dieses Vorgehen kann man durchaus auch kritisch sehen. Was mir an diesem „Deal" gefallen hat, war der Grundgedanke, der dahinter steckte: Die Idee der belohnungsbasierten, sozialen Kontrolle durch eine nicht direkt nahestehende, aber ebenfalls involvierte Person.

Als Freund*in oder Angehörige könntest du anbieten, dir Tageziele per E-Mail zusenden zu lassen. Am nächsten Tag könntest du nach dem aktuellen Stand fragen. So entsteht eine gewisse Verbindlichkeit, aber nicht zu viel Druck, der nur wieder zu mehr Blockaden führen würde.

Aus meiner Sicht ist es besonders wichtig, miteinander zu reden und den von Prokrastination Betroffenen gut zuzuhören. Selbst wenn es schwerfällt, den immer wieder gleichen zähen Versuchen oder Misserfolgen zu lauschen. Hörst du zu, vermittelst du deinem Gegenüber, für sie oder ihn da zu sein.

Etwas, was du als Partner*in oder Angehörige*r nicht tun solltest: Druck machen, zu fordernd sein und schnelle Veränderungen erwarten. Das hat übrigens auch die zitierte Forum-Userin gemerkt und diesen Satz ein paar Wochen später gepostet:

„Ich habe gemerkt, dass ich ihn wohl wirklich zu sehr unter Druck gesetzt habe und er daraufhin eher dicht macht als alles andere."

Gut gemeinte Vorschläge können manchen Betroffenen neue Perspektiven eröffnen, führen aber in den meisten Fällen vermutlich erstmal zu Ablehnung und belasten die Beziehung. Häufig sind die Tipps, die man Partner*innen gibt, nichts Neues für diejenigen, die prokrastinieren. Denn, wie wir ja zu Beginn dieses Ratgebers festgestellt haben, mangelt es Aufschiebern häufig nicht an Wissen zu Prokrastination, ganz im Gegenteil. Meist sind sie selbst Experten auf diesem Gebiet.

Bei aller Zurückhaltung solltest du unbedingt weiterhin auf deine eigenen Bedürfnisse achten und nicht alle deine Gefühle dem/der aufschiebenden Partner*in unterordnen. Eine Möglichkeit, wie du trotzdem an deine/n Partner*in herankommen kannst, probierte die oben genannte Forum-Userin auch aus: Sie klebte Notizzettel mit kleinen Aufgaben an den PC ihres Freundes. Somit entlastete sie sich, in dem sie ihr Bedürfnis kommuniziert hat, ohne dabei ständig mit ihm diskutieren zu müssen. Und er hatte die Freiheit, die To-dos auf den Zetteln zu erledigen oder aber zu ignorieren. Immerhin nahm er dadurch die Bedürfnisse seiner Partnerin wenigstens wahr.

Am Ende bleibt dir als Partner*in, Ruhe zu bewahren und dein Gegenüber so gut es geht „in Ruhe zu lassen". So schwer das fallen mag. Du kannst häufig nur auf die eigenen Problemlösekompetenzen deines/deiner Partner*in vertrauen und dass sie oder er sich irgendwann von selbst Hilfe sucht. Und genau in diesem Moment solltest du für die Person da sein und ihr mit Rat und Tat zur Seite stehen. Aber eben erst dann.

Wenn man den Forum-Beitrag bis zu Ende liest, gibt die Userin am Ende ein letztes Update. Etwa ein halbes Jahr nach den ersten Beiträgen schreibt sie, dass ihr Partner eingewilligt hat, in eine Tagesklinik zu gehen, um dort wieder eine Tagesstruktur zu erlernen und sich psychotherapeutische Begleitung zu suchen.

Welche Unterstützungsmöglichkeiten es noch gibt, was eine Tagesklinik ist und wie man eine psychotherapeutische Begleitung findet, erfährst du im nächsten Kapitel.

7 Welche Unterstützungsmöglichkeiten gibt es?

Im letzten Kapitel möchte ich nun ausführlicher auf das Thema „Unterstützung suchen" eingehen, weil ich es so wichtig – und gleichzeitig auch so schwierig – finde. Viele Ratsuchende, die zu uns in die Beratungsstelle kommen, wenden sich erst spät an uns. Meist erst dann, wenn der Leidensdruck nicht mehr auszuhalten ist und sich entweder körperliche Symptome bemerkbar machen oder Bekannte sie auf ihre Veränderung oder ihren Rückzug ansprechen.

Der *erste Schritt*, sich überhaupt Unterstützung suchen zu können, war ja bereits dein Eingeständnis, dass Prokrastination ein Thema für dich ist. Du erinnerst dich vielleicht noch an den ersten Tipp, den ich dir gegeben habe: „Sei ehrlich zu dir selbst". Zu dieser Ehrlichkeit zählt, dass du dir eingestehst, ein Problem mit dem Aufschieben zu haben. Und dass du selbst alles probiert hast, allein etwas zu ändern. Um nun wirklich etwas zu tun, solltest du dich im ersten Schritt jemandem anvertrauen. Das können Freunde und Verwandte sein, denen du erzählen solltest, wie es dir mit deinem Aufschieben geht. Im nächsten Schritt kannst du dir überlegen, wen du bezüglich deiner Haus- oder Abschlussarbeit um Hilfe bitten könntest. Das können zunächst kleine Hilfestellungen sein, wie Fragen zur Literaturbeschaffung oder dass jemand einen Abschnitt deiner Arbeit Korrektur liest. Vielleicht kann dir jemand Aufgaben abnehmen. So könnte ein/e Freund*in deine Formatierung übernehmen. Das würde dir viel Zeit sparen und du könntest dich auf das Wesentliche konzentrieren, nämlich den Inhalt deiner Hausarbeit. Wie dich Freund*innen und Angehörige außerdem unterstützen können, konntest du im vorangegangenen Kapitel ja bereits lesen.

Einigen fällt dieser erste Schritt schon schwer, ist aber gerade noch machbar. Wenn du diesen ersten Schritt bereits gegangen bist und du dich jemandem anvertraut hast: Super, gut gemacht! Der zweite Schritt ist nochmal herausfordernder.

Im *zweiten Schritt* könntest du dich neben Freund*innen und Verwandten den Kommiliton*innen anvertrauen, die möglicherweise in einer ähnlichen Situation stecken. Gehen wir davon aus, dass jeder zehnte Studierende auf dem Campus (siehe Kapitel 1) tatsächlich an seinem Aufschieben leidet, ist die Wahrscheinlichkeit relativ hoch, Gleichgesinnte zu finden. Bildet Lern- oder Arbeitsgruppen, in denen ihr euch über eure Erfahrungen austauschen könnt. Wie ich bereits beschrieben habe, hilft Teamwork häufig, produktiver zu arbeiten und weniger aufzuschieben. Suche dir eine/n Kommiliton*in, der/die mit dir regelmäßig deinen Arbeitsfortschritt bespricht und als dein persönlicher Coach fungiert. Einige Hochschulen bieten sogenannte Peer-to-Peer-Projekte an, in denen Studierende andere Studierende auf Augenhöhe beraten, vor allem aber in schwierigen Situationen begleiten. An der Universität Frankfurt heißt dieses Angebot „Call-A-Cab" und hat seinen Schwerpunkt in der Begleitung von Aufschiebeproblematiken (URL auf Seite 130f.). Eine weitere Möglichkeit, Gleichgesinnte bzw. Leidensgenoss*innen zu finden, sind Workshops oder Vorträge zu Prokrastination, die an den meisten Hochschulen entweder von der psychologischen Beratungsstelle deines Studierendenwerkes oder der psychologischen Beratungsstelle deiner Hochschule angeboten werden.

Viele Hochschulen haben zudem Zentren für Schlüsselkompetenzen. Dort werden in der Regel Workshops zu Zeitmanagement, Lernstrategien und anderen relevanten Themen fürs Studium angeboten. Schau dir das Angebot an deiner Hochschule doch mal an und lerne in den Workshops andere

Studierende kennen, die offen sind, zusätzliche Kompetenzen für ihr Studium zu erwerben.

Wenn du beim Lesen dieses Ratgebers gemerkt hast, dass dein Aufschieben vor allem mit dem Schreiben von Haus- und Abschlussarbeiten zusammenhängt, findest du beim Schreibzentrum deiner Hochschule Unterstützung. Dort werden Einzelberatungen von sogenannten Peer-Trainern angeboten. Das sind selbst noch Studierende, die im Schreibzentrum eine spezielle Schreibberater-Ausbildung absolviert haben und nun anderen Studierenden Tipps bei ihren Schreibprojekten geben können. Die Schreibberater lesen bei Bedarf Teile deiner Texte und geben dir dazu Feedback. Die meisten Schreibzentren bieten zudem Workshops zum wissenschaftlichen Schreiben an. Daneben stellen viele Schreibzentren Selbstlernmaterialien auf ihren Webseiten.

Kommen wir zum *dritten* und vermutlich schwierigsten Schritt: Professionelle Hilfe suchen und annehmen. Ich als psychologischer Berater freue mich über alle Studierenden, die sich bei uns melden und ich betone immer, dass ich den Mut bewundere, wenn sich jemand an uns wendet. Ich selbst bin als Student nie bei einer Beratungsstelle gewesen. Ehrlich gesagt wusste ich gar nicht, welche Beratungen meine Universität anbot. Von daher bin ich immer total froh, wenn uns Studierende finden. Nun ist die Grundvoraussetzung dafür, Hilfsangebote überhaupt zu finden, dir dein Problem einzugestehen und dir im Weiteren zuzugestehen, externe Hilfe zu beanspruchen. Mit diesem Bewusstsein werden dir nun sicherlich Artikel, Bücher, Workshops oder Beratungsangebote ins Auge springen und dir fällt es zukünftig hoffentlich leichter, diese anzunehmen.

Ganz wichtig ist, dass du dir selbst erlaubst, Unterstützung anzunehmen. Zudem könntest du mit deinen Eltern sprechen und dir von ihnen zumindest das OK abholen, Hilfe suchen zu dürfen. Die Unterstützung (durch ein OK) deiner Eltern kann bei der Aufnahme eines Beratungsprozesses helfen. Zum Glück geht der gesellschaftliche Trend ja immer mehr da hin, dass es in Ordnung ist, mentale Gesundheit zu thematisieren. Das war in der Generation deiner Eltern wohlmöglich noch anders. Noch schwieriger kann es sein, wenn deine Eltern nicht studiert haben und die Beratungsangebote an der Hochschule überhaupt nicht überblicken oder nachvollziehen können, dass deine Schwierigkeiten im Studium nicht nur daran liegen, dass du faul bist. Was nicht stimmt, wie wir beide (nun) wissen.

Erlaubst du dir schließlich, dir externe Hilfe zu suchen, stehst du vor der Frage: Welches Unterstützungsangebot passt zu mir?

Eine gute erste Orientierung bieten die psychologischen Beratungsstellen der Studierendenwerke der jeweiligen Hochschulstandorte. Eine Übersicht findest du auf der Webseite des *Deutschen Studentenwerks* (URL auf Seite 130f.).

Daneben gibt es an (fast) allen Universitäten und Hochschulen eigene psychologische Beratungsstellen, die du auf der Webseite deiner Hochschule sicher schnell findest. Es ist dabei egal, ob du dich an dein Studierendenwerk oder an deine Hochschule wendest; die Berater*innen in den Beratungsstellen kennen sich mit Prokrastination aus und können dir eine weiterführende Begleitung bei deiner Aufschiebeproblematik anbieten oder dich in eine weiterführende Psychotherapie vermitteln.

Wenn du dich gleich selbst um Psychotherapie kümmern möchtest, ohne den Weg über eine Beratungsstelle, erkläre ich dir im Folgenden die wichtigsten Unterschiede und erläutere dir eine mögliche Vorgehensweise.

Zunächst unterscheidet man zwischen einer stationären und einer ambulanten Psychotherapie. Der erste Schritt in eine ambulante Psychotherapie – also eine Psychotherapie, die du in einer psychotherapeutischen Praxis machst – ist die psychotherapeutische Sprechstunde, die alle Praxen anbieten. Dort kannst du abklären, ob und welche Psychotherapie für dich infrage kommt. Dazu musst du noch keine Überweisung von deinem Hausarzt haben, sondern kannst einfach bei einer/einem niedergelassenen Psychotherapeut*in deiner Wahl einen Termin ausmachen. Beachte dabei, dass Psychotherapeut*innen meistens allein arbeiten und dementsprechend nur zu den angegebenen telefonischen Sprechzeiten erreichbar sind. Wenn du nicht gleich durchkommst, verzweifle nicht. Hinterlasse einfach deinen Namen und deine Rufnummer auf dem Anrufbeantworter. Hat die Praxis freie Kapazitäten, wird sie dich später zurückrufen. Plane einige Wochen Wartezeit bis zum ersten Termin ein. Diese Wartezeit kann zwischen wenigen Wochen und mehreren Monaten variieren. Es lohnt sich in allen Fällen, mehrere Psychotherapeut*innen zu kontaktieren, um deine Chancen auf einen Platz zu erhöhen. Du hast das Recht, mit mehreren Psychotherapeut*innen Erstgespräche zu vereinbaren und mit der Person eine Psychotherapie zu beginnen, mit der du dich am wohlsten und von der du dich am meisten verstanden fühlst.

Die gesetzlichen Krankenkassen übernehmen aktuell vier Psychotherapieverfahren, die z.B. im Infoblatt des Studentenwerks Frankfurt (URL auf Seite 130f.) näher beschrieben werden:
- analytische Psychotherapie
- tiefenpsychologisch fundierte Psychotherapie
- (Kognitive) Verhaltenstherapie
- Systemische Psychotherapie

Diese vier Verfahren werden von psychologischen oder ärztlichen Psychotherapeut*innen angeboten. Der Unterschied ist, dass psychologische Psychotherapeut*innen Psychologie studiert haben und dann eine mehrjährige Approbationsausbildung zum/r Psychotherapeut*in absolviert haben. Ärztliche Psychotherapeut*innen haben vor ihrer Approbationsausbildung Medizin studiert. Dadurch dürfen sie Medikamente, wie Antidepressiva oder andere sogenannte Psychopharmaka verschreiben und Patient*innen medikamentös behandeln.

Bei Prokrastination ist den meisten Experten zu Folge die Kognitive Verhaltenstherapie (KVT) am effektivsten. In der Therapie geht es zunächst einmal darum, zu explorieren: Wann schiebe ich auf? Was ist mein eigentlicher Stress? Was fördert meine Prokrastination? Wo ist mein eigener Anspruch zu hoch? Was lenkt mich ab? Danach wird systematisch versucht, das Arbeitsverhalten zu verändern. Du lernst dein Zeitmanagement zu verbessern, dir realistischere Ziele und kleinere Arbeitseinheiten vorzunehmen. Viele der in diesem Ratgeber vorgestellten Tipps kannst du im Rahmen der KVT ausprobieren und mit deinem/r Psychotherapeut*in deine Fortschritte sowie Schwierigkeiten besprechen.

Wer hinter die Konflikte seines oder ihres Aufschiebens blicken und die Hintergründe fürs Aufschieben besser verstehen möchte, kann über eine tiefenpsychologisch fundierte Psychotherapie nachdenken. Dort fokussiert sich die Behandlung eher auf aktuelle Konflikte in Beziehungen oder auf nicht bewältigte Beziehungserfahrungen und Konflikte aus früheren Lebensphasen.

Auf die Psychoanalyse gehe ich nicht näher ein, da diese langfristige Psychotherapieform nicht meine erste Wahl wäre, wenn es nur um die Behandlung der Prokrastination gehen soll. Wenn jedoch noch weitere Konflikte oder Störungen behandelt werden sollen, kann ein Vorgespräch mit einem/einer Psychoanalytiker*in weiteren Aufschluss geben, inwieweit eine Psychoanalyse für dich infrage kommen könnte und was dabei auf dich zukommen würde. Der Kollege Hans-Werner Rückert beschreibt in seinem Buch „Schluss mit dem ewigen Aufschieben“ (2014), welche Mechanismen aus psychoanalytischer Sicht hinter dem Aufschieben stecken und gibt Tipps aus seiner langjährigen Beratungspraxis.

Genau so gehe ich in diesem Zusammenhang weniger auf die Systemische Psychotherapie ein, da deren Behandlungskosten erst seit 2020 von den gesetzlichen Krankenkassen übernommen werden. Bislang bieten erst wenige Psychotherapeut*innen diese Behandlungsform an und somit ist die Auswahl noch sehr eingeschränkt.

Anstelle der Erstattung über die gesetzlichen Krankenkassen könntest du die Psychotherapie-Sitzungen auch selbst zu zahlen. Dabei musst du mit etwa 80 bis 100 Euro pro Sitzung rechnen. Selbstzahler kommen in der Regel schneller an einen Therapieplatz und brauchen keine Diagnose, die an deine Krankenkasse weitergeleitet werden muss. Das Umgehen einer solchen Meldung kann von Vorteil sein, wenn du überlegst, eine Berufsunfähigkeitsversicherung abzuschließen, in eine private Krankenversicherung zu wechseln oder falls du kein Risiko für eine mögliche spätere Verbeamtung in Kauf nehmen möchtest. Bist du in diesem Fall unsicher, informiere dich auf jeden Fall bei einer psychologischen Beratungsstelle in deiner Nähe. Dort erhältst du keine Diagnose und die Ergebnisse werden nicht an die Krankenkasse oder sonst wohin weitergeleitet, können dir aber eine erste Orientierung bieten.

Ist es in meisten Fällen nicht die erste Wahl, will ich dennoch kurz auf die Option eines stationären Klinikaufenthaltes eingehen. In einem, meist mehrwöchigen, Aufenthalt kann man intensiv an seiner psychischen Gesundheit arbeiten. Dort kann man, neben regelmäßigen Psychotherapie-Sitzungen in der Gruppe oder einzeln, auch andere Angebote wahrnehmen, wie Sport oder Ergotherapie. Dabei muss nicht in der Klinik übernachtet werden, auch ein teil-stationärer Aufenthalt ist möglich, die sogenannte Tagesklinik, in der das Therapieangebot dem des stationären Aufenthalts nahekommt.

Wenn es bei dir aber wirklich nur um Prokrastination geht, sollte eine psychologische Beratung in den meisten Fällen ausreichen. Vielleicht hat dir sogar die Beschäftigung mit diesem Ratgeber bereits geholfen.

Schlusswort

Nun sind wir am Ende dieses Ratgebers angekommen. Und somit am Ende unserer gemeinsamen Reise durch die Welt der Prokrastination. Während für dich, liebe/r Leser*in, dieser Ratgeber endet, geht für mich ein zweijähriger Schreibprozess zu Ende. Eine Zeit voller Höhen und Tiefen. Mit erkenntnissreichen Momenten – und frustrierenden. So ähnlich, wie es dir vermutlich bei deinen Schreibprojekten ergangen sein oder noch gehen wird.

Mit dem Lesen dieses Ratgebers allein ist deine Prokrastination vermutlich noch nicht gänzlich verschwunden. Oder doch? Jedenfalls solltest du dich nicht einfach damit zufrieden geben, etwas zu Prokastination gelesen zu haben. Tu stattdessen wirklich etwas und ändere aktiv dein Aufschiebeverhalten. Such dir dazu wenigstens einen Tipp aus diesem Buch und nimm dir ganz fest vor, ihn auszuprobieren. Falls du nicht eh schon während des Lesens manche Tipps getestet hast.

Welchen Tipp oder welche Übung *hast du dir ausgesucht? Schreibe dir genau auf, wann du diesen Tipp ausprobieren möchtest. Am besten natürlich sofort.*

Versuche nicht zu viel auf einmal ausprobieren zu wollen. Nimmst du dir zu viel vor, ist Frustration programmiert. Und vor allem: Bewahre dir Geduld. Folge jedem Tipp mindestens eine Woche, besser noch einen Monat. Denn Gewohnheiten brauchen Zeit, bis sie sich etablieren. Wenn du es dann noch schaffst, mit jemandem über dein Vorhaben und deine neuen Vorsätze zu sprechen, steht der Veränderung nichts mehr im Weg. Vielleicht findest du dabei sogar jemanden, der oder die sich dir anschließt und mitmacht.

Sage dir: *Heute ist der Tag, an dem ich anfange, etwas zu ändern und heute fange ich wirklich an!*

Viel Erfolg und viel Spaß beim Ausprobieren wünscht dir *Thomas.*

8 Literatur

Empfehlenswerte Ratgeber

Causevic, E. & Endemann, C.: Stress bewältigen – entspannt studieren, Paderborn 2019.

Esselborn-Krumbiegel, H.: Die erste Hausarbeit – FAQ. 2. Aufl., Paderborn 2021.

Esselborn-Krumbiegel, H.: Tipps und Tricks bei Schreibblockaden. 2. Aufl., Paderborn 2020.

Höcker, A., Engberding, M. & Rist, F.: Heute fange ich wirklich an! Prokrastination und Aufschieben überwinden – ein Ratgeber. 2., unveränderte Auflage, Göttingen 2021.

Leyhausen, M.: Jetzt tu ich erstmal nichts – und dann warte ich ab. Wie es sich mit Aufschieberitis gut leben lässt, Freiburg 2013.

Nolle, T. Blackout, Bauchweh und kein' Bock. Therapie und Coaching bei Prüfungsangst, Prokrastination und Leistungsdruck, Heidelberg 2021.

Nyberg, E., Hofecker-Fallahpour, M., Stieglitz, R.-D.: Ratgeber ADHS bei Erwachsenen, Göttingen 2013.

Püschel, E.: Selbstmanagement und Zeitplanung. 2. Aufl., Paderborn 2017.

Rückert, H.W.: Schluss mit dem ewigen Aufschieben. 8. Aufl., Frankfurt 2014.

Warnecke, I.: Prüfungsangst bewältigen, Paderborn 2017.

Winter, R: Prokrastination. Wie Sie mit mehr Selbstdisziplin die Aufschieberitis überwinden und Ihre Ziele erreichen, Graz 2019.

Internetquellen

Ausruhstuhl: https://www.tiktok.com/@joshterryplays/video/6940361017788615942

Broschüre PBS Oldenburg: https://tinyurl.com/pbs-arbeitsgewohnheiten

Call-A-Cab-Projekt der Goethe-Uni: https://www.psychologie.uni-frankfurt.de/74556885/Call_a_CAB?

Deutsches Studentenwerk: https://www.studentenwerke.de/de/ansprechpersonen-psb

Deutsche Depressionshilfe: https://www.deutsche-depressionshilfe.de/depression-infos-und-hilfe/rat-fuer-angehoerige

Dehnübungen: https://www.fitforfun.de/workout/ruecken/desktop-stretching-buerotaugliche-uebungen-gegen-sitzverspannungen-am-arbeitsplatz-366414.html

Forumbeitrag Angehörige Depression: http://www.bychan.de/procrastination/board/index.php?forumID=2&ID=3048

Kalenderpedia: https://www.kalenderpedia.de/

Mel Robbins: 5 second rule: https://melrobbins.com/video/the-5-second-rule/

Marie Kondo: https://www.zeit.de/2020/20/marie-kondo-homeoffice-ordnung-erfolg

M&M-Übung: https://www.schreibsuchti.de/buch-schreiben/

Pareto-Prinizp auf youtube: https://www.youtube.com/watch?v=4oTGFDaMAkQ

Pomodoro-Timer, zum Beispiel : https://pomofocus.io/

Prokrastinationsambulanz Münster: www.prokrastination-muenster.de

Telefonica Smartphone-Studie: https://www.telefonica.de/news/corporate/2019/03/exklusive-studie-zur-smartphone-nutzung-das-smartphone-wird-zum-mittelpunkt-des-persoenlichen-entertainments.html

Test Aufschiebetypen: https://www.testedich.de/persoenlichkeitstests/schule/schueler/quiz37/1434230968/welcher-aufschiebertyp-bist-du

Tim Urban: Inside the mind of a master procrastinator: https://www.youtube.com/watch?v=arj7oStGLkU

Schreibsuchti: https://www.schreibsuchti.de/buch-schreiben/

Schreibplan-Tutorial von der Uni Paderborn: https://uni-paderborn.sciebo.de/s/xKWLKnzp09PcPD0

Studentenwerk Frankfurt: https://www.studentenwerkfrankfurt.de/fileadmin/user_upload/Beratung_und_Service/Psychosozialberatung/Ambulante_Psychotherapie_2020.pdf

Verwendete Literatur

Arnold, Chirico, Liebscher: Goldgräber oder Eichhörnchen – welcher Schreibertyp sind Sie?. In: Journal der Schreibberatung. Heft 4/2012, S. 82 – 97.

Bauer, A: Auf die lange Bank. Wenn Aufschieben zum Problem wird, Paderborn 2019.

Bünger, T., Berthoud, E. & Elderkin, S.: Die Romantherapie. 253 Bücher für ein besseres Leben. 2. Aufl., Berlin 2018.

Drucker, P.F.: People and Performance: The Best of Peter Drucker on Management, New York 1977.

Ende, M.: Momo, Stuttgart 1973.

Gollwitzer, P. & Brandstätter, V. Implementation Intentions and Effective Goal Pursuit. In: Journal of Personality and Social Psychology, 73/1997, pp. 186–199.

Graham, T., & Ramsey, D.: The Happiness Diet: A Nutritional Prescription for a Sharp Brain, Balanced Mood, and Lean, Energized Body, Emmaus 2015.

Grawe, K.: Psychologische Therapie, Göttingen 2000.

Hoppe, J., Prokop, P. & Rau, R.: Empower, not impose! – Preventing academic procrastination. In: Journal of Prevention & Intervention in the Community. Heft 46:2/2018, S. 184–198.

Lenarz, J. & Glimbovski, M.: Ein gutes Projekt, Berlin 2021.

Pychl, T.: Solving the Procrastination Puzzle: A Concise Guide to Strategies for Change, New York 2013.

Sirois, F. & Pychyl, T.: Procrastination and the Priority of Short-Term Mood Regulation: Consequences for Future Self. Social and Personality Psychology Compass, 7/2013, p. 115 – 127.

Steel, P.: The procrastination equation: How to stop putting things off and start getting things done, Harlow 2012.

Te Wildt, B.: Digital Junkies: Internetabhängigkeit und ihre Folgen für uns und unsere Kinder, München 2015.

Union Investment: Vorsorgeatlas Deutschland 2017, Frankfurt 2017.

Ward, A. & Duke, K. & Gneezy, A. & Bos, M.: Brain Drain: The Mere Presence of One's Own Smartphone Reduces Available Cognitive Capacity, Journal of the Association for Consumer Research, 2/2017.

Wurmser, L.: Die Maske der Scham. Zur Psychoanalyse von Schamaffekten und Schamkonflikten, Berlin 1997.